Für A.

Und halt jeden wo es interessieren tut, könnt ihr nicht lesen?

Alé Loca

Ein Schwänkchen Leben

oder

Wespen Movie, aber jedes Mal wenn die „bzzz gib den Joint" sagen, verdoppelt sich die Ablaufgeschwindigkeit

Impresssum

©2021 Alé Loca

Verlag & Druck: tredition GmbH, Halenreie 40-44, 22359 Hamburg

978-3-347-23872-5	(Paperback)
978-3-347-23873-2	(Hardcover)
978-3-347-23874-9	(e-Book)

Inhalt

Danksagung

Jo. Danke, ne?

Spaß, aber dann in Echt so: das ist nicht umsonst n Pseudonym hier, vielleicht wird den Scheiß keiner lesen und das ist auch super ok weil die 10 Leute denen ich das Buch hinterher schmeiße die müssten daran schon fühlen, dass ich denen unnormal dankbar bin für keeping up with my bullshit und alles. Love yaaaaas mucho mucho knutschi knutscho

Teil 1

Ein Schwänkchen Leben

1_ Halli Hallo Hallöle

Ich glaube, ich war schon immer irgendwie verrückt. Vielleicht liegt es an meiner Mutter, die uns aufzog. Oder an ein paar anderen Personen, die mich auch irgendwie aufzogen. Oder daran, dass jemand fehlte beim aufziehen. Oder daran, dass zu viele Köche den Brei verderben. Oder daran, dass ich wirklich einfach eine Stoffwechselstörung im Gehirn habe. Das war bis vor Kurzem auch noch alles Spaß und Spiel, aber dazu kommen wir am Ende. Wenn es ein Ende gibt.. grade wünsche ich es mir herbei und rauche auf dem Klapsenbalkon eine Kippe nach der anderen, aber der zweite Teil von mir ist auch noch nicht fertig und langsam kotzt es mich an. Könnte auch sein, dass es ist wie meine Mutter manchmal sagt, und ich ein totaler Schauspieler bin. Ich hasse das, wenn sie das sagt, denn sie tat es zuletzt als ich voll den Heulkrampf hatte. Ich kann mich gut daran erinnern, dass ich als Kind irgendwie oft gesagt bekommen habe, ich soll stark sein. Dann habe ich mir mal beim Anschnallen wehgetan und musste heulen. Aber dann als alle gucken kamen, habe ich so getan als musste ich nicht heulen, und habe alle ausgelacht, weil sie mir "geglaubt" haben. Wow, ich muss selber staunen wie krank das schon eigentlich ist. Kein Wunder eigentlich, dass mein Leben eine von Gefühlen bestimmte Talfahrt war, oder ist.

Jemand hat mir mal gesagt, dass ich mir merken soll, warum ich dies oder das entscheide. Und ich hab das oft von Gefühlen abhängig gemacht. Das ist wirklich das dümmste was man machen kann, denn Gefühle vergehen, aber die Kacke für die man sich wegen irgendeiner Liebelei herbeizaubert, bleibt. Tja.

Jedenfalls, ich fand mich oft fehl am Platz. In der Grundschule war ich "pervers" weil ich von einem 1 Jahr älteren Jungen das Wort "Muschi" kannte. In der fünften traf ich meinesgleichen, und neben hemmungslosen Besäufnissen, fuhren wir auch gerne -hemmungslos besoffen- nachts zu irgendeinem Typ der "mein bester Freund" war, mit dem ich "Streit" hatte -heul- weil er nicht zurück "ich liebe dich" am Telefon gesagt hat und machten eine Szene. Wenn ich diesem Film meiner frühen Jugend einen Namen geben müsste, wäre das „Russen, Bong und Bowle- mein Leben an der Sonderschule" weil da gabs ein Dach und ne Tischtennisplatte und was braucht man schon mehr als dann noch ein paar Menschen und Stoff.

Mit 18 dann von irgendwelchen Partyfotografen beim rumzüngeln mit irgendwelchen anderen Schlampen ablichten lassen. Mit 22 zeigte ich meinen Freundinnen auf Klo meine Schamhaarfrisur "sexy Lady", wo ich die lang gewachsenen Locken an den Seiten und oben habe stehen lassen, und in der Mitte ein Gesicht gemalt habe. Irgendwas dazwischen war ich ziemlich depri drauf, tingelte in der Stadt rum, süchtig nach dem nächsten Kick oder Vollsuff. Tja, mit 26 dann hing ich da auf allen Vieren, Oberkörper frei, und singe für meinen schwulen Campmitbewohner "Jingle Bells" während ich meine Brüste etwas zusammen klatschen lasse. Das war irgendwie die Zeit meines Lebens, aus dem Müll fressen, unter Pennern, verlorenen Seelen und Taugenichtsen. Obwohl die auch ein- zwei Mal im Jahr arbeiten und den Rest einfach sparsam sind zum Beispiel. Tja, mit kurz vor 30, man will ja noch was schaffen im Leben, kommt dieses Buch mal raus.

Hier ein Bild, um sich meine Geschichte im „König der Löwen"-Stil besser visualisieren zu können

2_Enten im Kornfeld

oder

Hochmut kommt vor dem Ungenuss

oder

Nach Möd kommt blöd

aber eigentlich

meine erste Psychose

oder Manie

oder Vulkanausbruch

Alles machte plötzlich Sinn. Ich fühlte mich wie ein genialer Schachspieler, der ein unheimlich schweres Puzzle, das Puzzle des Lebens quasi, zusammengesetzt hat. Oder nein, eher wie das Spiel "das verrückte Labyrinth" wobei ich nun alle Kniffs und Tricks kannte, um innerhalb eines Schachzuges zu egal welchem Ziel komme. Das lag eventuell daran, dass ich da einfach so im Jetzt war, dann will man eine Banane und wow, wie einfach ist es einfach in den Laden zu gehen und eine scheiss Banane zu fressen. Ich fühlte mich, als würde ich zum ersten Mal richtig Leben. Viele würden jetzt sagen, dass das einfach bedeutet „auf Droge" zu sein, und das mag auch so stimmen, das fühlt sich so an, aber man ist dann einfach zu lange auf „Droge" und nimmt gar keine Drogen mehr und die Scheiße geht trotzdem weiter. Fühlt sich geil an, aber die Logik und der Verstand sind einfach irgendwann im Zweifel nicht mehr zu finden.

Ich war so high, auserwählt, überglücklich, und dankte dem Leben,

Gott, oder was auch immer auf Knien, für jeden Mensch, jedes Tier, das Wetter- einfach alles was mich bis jetzt dort hingebracht hat. Mein Herz klopfte bis zum Himmel. Mir wurde ungeheuer heiß und ich wurde fast ohnmächtig.

Mein bisheriges Leben schien mir wie ein langweiliger Film, ein unbedeutender Traum in dem ich mich benebelt irgendeinem Trott hingegeben hatte. Ich sollte erst viel später wirklich sehen, wie solche Momentaufnahmen und die Bedeutung die man denen zuweist, wirklich "traumhaft" sind, und mit der gemeinsamen Realität, die man in der Regel mit dem Rest der Menschheit teilt, nicht so recht zu vereinbaren sind. Ich hatte die Macht, die Energie, alle Träume, Ideen und Abenteuer zu verwirklichen und zu erleben. Ich war immer noch auf der Suche nach einem total ausfüllenden Job. Meiner Ansicht nach, sollte ich erstmal das finanzielle Gerüst meines neuen Lebens auf die Beine stellen. Das ist irgendwie ironisch, denn ich hatte ein Erbe und konnte, wie ich es auch gerne gemacht habe, mich immer aus der Verantwortung ziehen, wenn meine Phantasien nicht Wirklichkeit wurden. Irgendwer hat so ein Bild gehabt wo stand "Es gibt 2 Arten von Menschen, die einen die nur reden, und die anderen die es auch wirklich tun". Und dann hat in der Uni noch jemand erzählt, sein Cousin hätte so einem Weltkonzern eine Bewerbung geschickt, wo er klipp und klar sagte, warum der Konzern ihn bei sich arbeiten lassen will, und dann wurde er eingestellt. So würde es auch bei mir laufen, dachte ich. Ich war jung, genau, gut erzogen und besitzte ein ausgesprochenes Empfinden für Trends, Style und Ästhetik. Aufgezogen wurde ich vom Fernseher, den hab ich vorher ganz vergessen, und das sollte doch einen guten Mitarbeiter geben. Ich entschied mich, ab jetzt bei einem Plattenlabel zu arbeiten, wo ich dann Bands managen würde. Ich hatte keine Ahnung davon, aber dachte mir mit genug Ehrgeiz und Ideen davon, wird es schon so laufen.

Auf ner social Media Plattform schreib ich einfach den Boss der Plattenfirma an: "Hallo, wann bist du im Büro?" Er fragte mich, ob wir uns kennen. Ich schreib nichts... er hatte ja nicht mal auf meine Frage geantwortet und irgendwann kam "Wann ich im Büro bin? Immer." Das war perfekt, denn das hieß er schlief auch im Büro und eigentlich hatte ich den Plan dann dort auf der Couch erstmal ein Nickerchen zu machen.

Ich kannte ja auch schon 2 Bands, die ich dort mitnehmen würde, und machte ein Treffen aus, mit dem einen von der Band. Doch so weit sollte es nicht kommen, denn Menschen in meinem Umfeld merkten etwas von meiner übersteigerten Ideenvielfalt, und wussten dass es so eigentlich nicht läuft. Ich wollte davon nichts hören, und eine Schnitzeljagd begann, in der meine Freunde und Familie versucht haben mich wieder in die Realität zu holen.

Was mich am Ende echt gekillt hat war das Bedenken, was einer äußerte, dass wenn ich denke alles ist möglich und so einfach, dann würde ich irgendwann auch denken ich könnte fliegen und aus dem Fenster springen. Das hat mir unheimlich Angst gemacht, obwohl ich später echt sauer auf die Leute war (da sieht man mal wieder was ich für ein Asi bin), weil ich dachte so, Alter, wenn ich denke ich kann fliegen, dann springe ich doch vom Boden hoch und nicht aus dem Fenster.... nur für den Fall der Fälle. Ich war denke ich einfach böse, dass man mir diesen Trip genommen hatte. Es war nötig und so, aber das Gefühl ist unnormal geil. Warum das nötig ist? Weil man lebt als wäre schon gestern die Welt untergegangen, man verballert sein ganzes Geld, stößt Menschen vor den Kopf also isoliert sich sozial wegen dieser Phantasiewelt, man begibt sich in Gefahr, weil es Menschen gibt die so einen Zustand ausnutzen und einem Schaden antun wollen, man ist sexuell total enthemmt und bumst fahrlässig herum zum Beispiel. Man verliert die Kontrolle über sein Handeln. Irgendwann kommt der klare Kopf zurück und man steckt in

Schwierigkeiten. Hat vielleicht Trauma bekommen von einer Vergewalti-
gung, ist Obdachlos geworden. Da kann viel sehr schief gehen.

Der erste Schritt in Richtung stationärer Aufnahme in die Irrenanstalt,
Klapse, Psychiatrie oder wie man es nennen möchte, war ein Fragebo-
gen. Ich sollte irgendwas sagen, von wegen was ich so gerne mache. Und
ich schrieb so normal wie bei einem Bewerbungsschreiben, Familie,
Freunde, Musik, Kunst und Drogen, und zwischen Drogen und Freunden
machte ich eine Verbindungslinie und notierte "Zufall?" auf das Blatt.

Als nächstes folgte eine medizinische Untersuchung, bei der so ein
schön geleckter Arzt mir am Körper rumpikste. Ich musste lachen bei den
Piksern, weil ich mir vorstellte, bei jedem Piks einen fahren zu lassen.
Fürze können, wenn sie im richtigen Moment dosiert werden echt ein
Oberhammer sein. Aber das Bedarf auch ein Opfer, welches man
dadurch voll verwirrt, das hört sich bestialisch an, und ist es auch. Der
Arzt fragte, ob es kitzelte, ich verneinte, und darauf hin war er irgendwie
beleidigt "Achse, dann sind sie wohl einfach ein Scherzkeks" und ich fuhr
voll den Hasstrip. Für jeden Lacher, jedes Grinsen, brauchte es wohl ei-
nen äußeren Einfluss... "wieso lachst du, was ist so lustig? öhöhöhöh".
Was für ein erbärmlicher Wicht, dachte ich mir, ohne Phantasie, der sich
nie selber überraschen kann mit einer Idee. Eine grausame Vorstellung.
Damals jedenfalls, heute teile ich das Zimmer mit Leuten, die komisch
rumlachen, und es ist einfach net normal, denn so ist man im eigenen
Kopf zu viel, und das macht einen halt, so dass man nicht in der Realität
mit anderen zusammen ist.

Dann kam ich zum Psychologen der einen entspannten Eindruck
machte, und viel lächelte. Er schien den Fragebogen, den ich ausgefüllt
hatte, verwirrend zu finden. Blablabla, irgendwas langweiliges wollte er

wissen. Ich hatte die ganze Zeit das Gefühl, viel schlauer und kombinierender zu sein, als der nette Psychologe und wollte ihn etwas an der Nase herumführen. Ich wollte ihm seine Mangelnde Präzision vor Augen führen. Ich kann sehr präzise sein, wenn ich möchte, doch meistens sage ich so Sachen wie "dingsen", "schwusseln" oder "wuseln" gerne. Also ich dachte mir, ich müsste schon eine ordentliche Schau machen, um in der viel umstrittenen Klapse zu landen. Er fragte mich ob ich Stimmen hören würde, ich sagte "ja, schon" ganz ernst, fast so als würde ich über eine andere Person reden. "Was sagen die Stimmen denn?", das war schon kniffliger, denn ich wollte dem Psychologen ja nicht verraten, dass es sich um seine Stimme handelte, die ich hörte. "Ja, die wollen die ganze Zeit was wissen die Stimmen… Die… ich hab da eigentlich keinen Bock drauf, aber ich hör mir die Scheisse trotzdem an" Er dann "Was sagen die denn genau?" ich so: "Ja so.. hey guck mal die, was geht mit der. Sowas."

Er notierte fleißig, ich lachte mir ins Fäustchen. Was für ein dummer Bluff. Dabei war ich die Dumme, die am Ende Schizophrenie aufgeschrieben bekommen hat. Ich wollte ihm noch den Rest geben, mit so einem komischen Spruch den eine auch Verrückte, mir mal beim Reisen gegeben hat. "Ziehen sie sich warm an." Er sah mich stirnrunzelnd an. "Warm anziehen?" Ich wurde bierernst. "ja, ich sags nur.. ich will sie warnen" *klick *klick. "Morgen wird die Sonne nicht aufgehen" Boom. Wie lange würde es wohl brauchen, bis der Psychologe auf die Idee kam, dass die Sonne nie aufgeht, sondern die Welt sich einfach dreht. War mir eigentlich auch egal, denn ich habe mich nicht wirklich drum gekümmert, ob die Leute auch verstehen was ich sage. Das hätte meine schöne Phantasiewelt ja zerstört, und das will man dann als allerletztes.

Alter was für eine gequirlte Kacke ich am fabrizieren war. Einerseits bin ich froh, dass ich das aufgeschrieben habe, andererseits, tja, Krankheiten werden oft schlimmer über Zeit und ich denke mir jetzt schon, was war denn DA SCHON eigentlich los?

Naja, der Krankenbruder machte einen korrekten Eindruck, ich sagte ihm, dass ich hier sei wegen Rauchen aufzuhören, aber kiffen wollte ich weiter. Das macht ja schließlich auch was her, rauchen stinkt nur.

"Hier sind noch Tabletten für sie". Daran habe ich gar nicht gedacht. Ich bekam ein schlechtes Gefühl. Man wusste ja von Pharmakonzernen, dass sie der letzte Dreck sind. Wie sollte ich als vollgedröhntes Gemüse hier die Leute nach ihrem Lieblingsfilm, ihren geheimen Familienrezepten und Lebensweisheiten fragen? Die Welt ist eine Schule und in der Klapse müsste es doch wimmeln vor spannendem Wissen.

"Die Tabletten werden ihnen gut tun, vertrauen sie mir… die sind auch wichtig für ihre Genesung." Ich war nicht überzeugt. "Was ist denn, wenn ich die nehme?" und dann kam der Schock. "Die machen sie etwas ruhiger, und dann können sie auch besser schlafen" SCHLAFEN. Daran hab ich überhaupt nicht gedacht, ich war schließlich schon so mehr oder weniger 4 Tage wach, plus die Woche, (Wochen?) vorher, in der ich wie ein gescheuchtes Vieh rumgesprungen bin. Ich schluckte die Pille und wurde schlagartig hundemüde.

Dann stopften sie meinen Irrsinn in die Schublade "manisch-depressiv" und mich in eine Station. Eine Ärztin hat mich richtig abge-fuckt, mit der Frage nach meinem Trinkverhalten. Ich sagte "immer viel kiffen und dazu 3,4 Bier.." sie guckte so abwertend und sagte in einem richtigen Fotzenton "ich schreibe 10 Bier auf".

Aber Alter, war ich high. So auserwählt. So überglücklich, lebendig wie nie zuvor, und dankte dem Leben, Gott oder was auch immer, für jeden Mensch, Freund, Familie, jedes Tier, was Wetter- einfach alles was mich dorthin gebracht hat wo ich da jetzt war. Ich war so glücklich, dass ich fast ohnmächtig wurde. Mein Herz klopfte bis zum Himmel, mir wurde ungeheuer heiß und meine Augen wurden feucht, ach, sie wurden nass. Für andere Menschen war es sicherlich eher ein sonderbares Schauspiel, als ich an diesem Vormittag in einer familienfreundlichen, gutbürgerlichen und gut besuchten Straße entlang schlenderte, plötzlich ohne ersichtlichen Grund stehen blieb und los weinte, als hätte ich gerade ein Kind gebärt. Und dieses Kind wäre eine Zwiebel gewesen. Gleichzeitig lachte ich aber viel, wenn mir einer dieser irrwitzigen, unmöglichen Zufälle einfiel, die mich hier hergelegt haben. Dass meine Eltern sich trafen, und ich in "meinem" Jahr eingeschult wurde. Wo der Zufall mich auf die Welt geschissen hat, meine Geschwister, alle Ideen, Einflüsse und Eigenarten der Menschheit. WOW. Welche Freunde ich in der Schule kennenlernte, wie ich manche fallen ließ, und genau die richtigen behielt. Nicht auszudenken, wäre alles auch nur um einen Monat, einen Tag, eine Stunde, Minute, früher oder später gewesen.

Mein Zimmer damals war ein richtiger Kitsch-Ramsch-Glitzer-Müll-Prüll-Klamotten-Fäden-Farben Haufen. Für die meisten Menschen wäre das wahrscheinlich schon Reizüberflutung gewesen. Menschen! Menschen, ach du liebe Güte, all die Menschen die mich beeinflusst haben, wohin sie mich gelenkt haben. Ich hatte den dringendsten Drang, den ich jemals verspürt habe, allen Menschen das Geschenk ihres Lebens zu machen. Als Zeichen meiner Dankbarkeit, ein Geschenk ganz ausgefuchst, was sich für immer in deren Leben verankert, unersetzlich wird, ihre Ängste mindert, oder ihre schönsten Charakterzüge stärkt. Ich dachte über Freunde und Familie nach, all die Ereignisse, und wie ich ihnen meine neu gefundene Lebensfreude lehren kann.

Dieses unheimliche "Glück" damals brachte mich fast um. Mein Herzkreislauf glich einem dieser Chinaböller Kringel, die sich, sind die einmal entzündet, immer schneller und schneller drehen und irgendwann explodieren. Ich hatte echte Angst, mein Herz würde gleich aus der Brust springen. Oder all die Liebe und das Glück was ich empfand würde mein

Herz so stark "füllen", dass die anderen Organe dem Pochen diesen riesigen Herzens zum Opfer fallen würden. Ich hatte jedenfalls keine Zeit zu verlieren. Wie das Türchen in meinem Kopf für das Dopamin wurde das Türchen von meiner Phantasie zum Handeln geöffnet. Plötzlich kam mir eine bis dahin unbekannte Angst hoch, ein unbekannter Hass. Knoten überall. Knoten aus Schnüren auf Schuhen von Arbeitskollegen. Eimer die von geknoteten Bändern an Balken befestigt wurden. Ich hasse Knoten. Ich hasste sie so sehr, sie bedrücken mich, schnüren mir die Kehle zu. Woher kamen aus dem Nichts all diese Knoten? Die Zeichen waren eindeutig, meine Arbeitskollegen, meine Mitmenschen, die ganze Welt hatte sich in ihrer Denkweise festgefahren. Sie haben Knoten gemacht. Knoten die man nicht mehr aufmachen konnte. Ich hingegen liebte Schleifen, oder irgendwelche Knoten die man wieder aufmachen konnte. Schleifen sind schön, und meistens nicht für immer, man kann noch umdenken, zurück rudern, und das Gebundene einfach auflösen, aber halten tun Schleifen ja trotzdem.

Ich sah immer mehr die Dinge, die wir Menschen uns in den Weg stellen. Wir Menschen. Mich natürlich schließ ich schön aus, denn ich war ja grade Krösus am sein. Ich erkannte, dass die Menschheit sich einfach in Knoten- und Schleifenmenschen aufteilte. Auch ein Knoten ist aber nicht verloren, also dachte ich darüber nach, wie ich an diesen Knoten rumpiddeln könnte, das würde denen doch helfen auf der Welt.

(MOMENT MAL. meine Klapsen Mitbewohnerin hat grade eine Gurke ausgepackt und gesagt "wir feiern hier heh heh heh" dieses heh heh heh, das könnt ihr euch vorstellen wie von einer verrückten Katzenfrau. Und das war sie auch, denn sie machte sich ungefähr 200 mal am Tag Sorgen um Flecki und Knupsi. Wieso liebe ich diese Frau so sehr? Einmal war ich auch so einen Joghurt am fressen und bemerkte gar nicht, dass sie irgendwann mit ihrem Kopf genau vor meinem war, bis sie sagte „Da isst die hier einfach einen Joghurt vor deinen Augen:" SO süß einfach.

In meiner frühen Jugend fing ich an, mich am Wochenende dem Alkoholkonsum zuzuwenden. Ich trank nie alleine. Aber wir tranken viel. Ab so 11,12 tasteten wir uns ganz langsam an den Geschmack von Spirituosen, Wein, Bier und Bowle heran. Am Wochenende wurden wir gerne uns selbst überlassen, und so kamen auch gerne Andere zu uns, in die Narrenfreiheit. Wir veranstalteten Boxkämpfe, genossen bei Tiefkühlpizza einen Porno nachts im Free TV und wenn wir draußen waren, spielten wir Hochzeit oder ließen Brennende Strohballen den Bach hinunter treiben (da wurden wir verpetzt, und ich sach mal so: die hatte echt Recht, und man sollte auch mal anders über Petzen denken, denn das hätte locker gegen das Ufer schwimmen können und einen Gartenschuppen anflemmen!!!). Wir waren auch kreativ und spielten gerne ein Spiel was wir "Übel Bekübel" nannten. Wir bereiteten kleine Zettel vor, und auf jeden Zettel schrieben wir eine "Zutat" drauf, die wir zur Verfügung hatten. In der ersten Runde zog jeder einen Zettel und musste dasjenige dann einverleiben. In der zweiten Runde dann 2 Zettel, und so weiter. Muss ja net gleich Schach sein, was man sich mit 11 ausdenkt. Ganz einfach. Naja, und wer halt als letztes nicht kotzt, gewinnt. Hinter der Mikrowelle stand Rotwein, Bärenjäger, Pflaumenwein vom letzten Besuch beim Chinarestaurant, Grappa, Ouzo, Pastis, Rotwein (ekelhaft noch gewesen in diesem Alter), aus dem Kühlschrank kamen dann Ketchup, Senf, rohes Ei, Aufschnitte, Zitronensaftkonzentrat und körniger Frischkäse hinzu, daneben   bedienten wir uns noch am Gewürzregal: Pizzasalz, Knoblauchpulver, Parmesan, kleine Anisbonbons und Suppenwürze. Und dann, ja es gibt noch eine weitere Quelle, steuerten wir noch Popel, Rotze, Nageldreck, Ohrenschmalz und Zahnbelag aus eigenem Anbau hinzu.

Generell im Leben kotzte ich sehr oft von Alkohol. Dann hatte ich aber meist auch mächtig getrunken, zum Beispiel zu zweit kann man sich eine Flasche Billigvodka teilen, aber zu dritt braucht man dann schon 2, und dann ist echt Party angesagt. An dieser Stelle nochmals FETT SORRY für 1. den Typ der im coolen Gammelclub in Hamburg von mir angekotzt wurde, und die Woche drauf mit aufgerissenen Augen schon um Vergebung gebeten wurde, sowie 2. den Typ, dem ich im coolen Gammelclub in Hamburg 15 Euro abgegammelt habe, aber nie zurück gegeben, ich hatte Psychose oder halt Manie damals und dachte das wär ein Kranker. Also, Alkohol. Oder was auch immer ich grad am reden war. Ich glaube nicht, dass wir es jemals zur vierten Runde schafften. Ich selbst schaffte eines Males nicht mal die erste Runde, weil mein Nachbar servierte mir einen festen Rotz, der so eine dunklere Ader im Kern hatte. Und als dieser Kamerad so langsam das Glas runter geschlichen kam... da war es schon vorbei bevor es angefangen hat.

3_Die Franzosen

Die Franzosen waren 2 Franzosen an der Zahl. Sie kamen in mein Leben über das Eingammel-Portal Couchsurfing. In ihrer Anfrage erzählte mir der Brillen-Franzose eine rührende Story über sowas wie Spiritualität und dass er noch heute gerne an einen magischen Tanzmoment in Israel zurück denkt, bei dem eine Muslima mit einem Israeli getanzt hat, ohne sich zu berühren.

Bei Couchsurfing ist es immer wichtig, die Referenzen der Couchsurfer aufmerksam durchzulesen, um zu sehen, ob diese für ihre vorigen Gastgeber gekocht haben. Egal was passiert, so kann man zumindest mit einer angerichteten Köstlichkeit rechnen. Brillen-Franzose schreib, dass er immer Crêpes macht, das französische Zeug eben. So erschlich er sich mit seinem Kumpanen Leder-Franzose einen Schlafplatz im Flur unserer 5er WG.

Bereits vor der Ankunft hatten die Franzosen für Samstag einen Spieleabend mit einer anderen Couchsurferin geplant, die selber die Franzosen nicht aufnehmen konnte (die Glückliche!), aber treffen wollte. Ich sagte der Idee vage zu, unter der Prämisse, dass man ja nie wisse.

Freitag:

16 Uhr, die Franzosen kommen an. Ich ahne schnell, dass ich Couchsurfing unzurechnungsfähig bedient haben muss. Es fällt mir schwer, den Witz und Charme der Franzosen zu verstehen. Sie machten sich aber freundlicherweise gleich auf, um die Zutaten für Crêpes zu besorgen. Meine Zuwiderhaltung beruhigte sich etwas- bis sie wieder da waren. Ich sage, dass ich noch etwas im Zimmer tun muss (9gag zu der Zeit) und war über die Vielfältigkeit unserer WG froh, da mein Mitbewohner und die Franzosen begannen, sich gegenseitig Monologe vorzutragen.

17:30, ich gehe auf Toilette, um zu sehen, ob die Franzosen endlich schon am Crêpes backen sind.

Es folgen weitere Bildchen auf 9gag.

18 Uhr, ich hole mir in der Küche ein Glas Wasser, um zu sehen, ob die Franzosen endlich am Crêpes backen sind. Die Franzosen möchten noch einmal wissen, wie es denn mit Samstag aussieht, wegen dem Spieleabend. Ich sage nochmal das selbe wie bis dato.

18:30, mein Magen schleift langsam über den Boden, als ich mich wieder aus meinem Zimmer begebe, um zu sehen, ob die Franzosen jetzt endlich Crêpes backen. Jedenfalls standen die Zutaten schonmal bereit.

19 Uhr und ich schwöre diese dreckigen Croissantmäuler sitzen immer

noch im Flur und labern. "Samaa, iesch wöhllt nömall wähken Sasta frö-ken (die Franzosen sprachen deutsch, und Esperanto- aber davon verstehe ich nichts). "Isch wöllt gleisch möll di NAME ANDERER COUCHSURFE-RIN arufen, uund ta ti Atreße fröhken, uund äh weiß du schöhn ob du mietkomme wiells?"

Naja, ich wiederhole mich. Das ist in etwa mein Eindruck von den Franzosen, irgendwann backten die dann mal ihre scheiß Kräps (und machten nicht wenige Wortwitze wegen Crêpes und Krebs und so) und ich ging ins Bett.

Langsam bekomme ich Kopfschmerzen, wenn ich an das schier nie enden wollende Vergehen der Zeit an diesem Wochenende denke.

Dennoch bleibt positiv zu erwähnen, dass die Franzosen Crêpes gemacht haben, irgendwann. Und dass sie mich inspiriert haben, folgende Zeilen zu verfassen. Ich hätte hier gerne eine Sprachnotiz aufgenommen, um den angezielten Poetry-Slam Style dieser Worte rüberzubringen. Aber sie wissen ja wie das ist.

Halt doch mal einfach einen Tag dein Maul,

mich würds mal nicht triggern und du könntest nen Gedanken aufbaun.

weiß nicht, ob du's nicht wusstest, aber die Luft würd sich nicht an deinen Stimmbändern aufstaun

und dir den Hals zerfetzen, aber du musst das denken,

denn du ringst mit den Händen nach dem nächsten schäbbigen Thema.

Ich schau schon apathisch durch dich durch,

merkst du es nicht, oder ist es dir Wurscht?

Halt doch mal einfach ne Stunde die Fresse,

wenn du wüsstest wie das stresst, eh!

Außen Buddha, innen Gabba,

wegen deinem Gelabber.

Ich sitz auf dem Klo, du schwafelst im Flur,

durch das Schlüsselloch dringt deine Tonspur.

Wie ein Rührstab in mein Gehörgang hinein.

Halt doch mal eine Minute die Schnauze, du elendiges Schwein.

Des Morgens trat ich aus meinem Zimmer hinaus,

zu meinem Graus, hast du die Augen schon auf.

Der Mund folgt zugleich! "Sag mal, wie hast du geschlafen?"

"Jo, gut, Danke"

In meinen Kopf bin ich am Strand, mit dem Fuß in deiner Flanke

Du fragst nicht für Wissen, nur um Stille zu überschwafeln,

auf ein Weiteres also "Sag, wie hast du geschlafen?"

Es folgt ein Bericht der letzen Nacht,

"ich war da und da, mit dem und dem und haben dies und das gesacht."

Es ging bis in den Morgen,

wie kann ein Mensch nur so langsam talken?

Kannst du nicht mal ne Sekunde die Kaue zu lassen?

Du raubst mir die Fähigkeit einen Gedanken zu fassen.

4_Kulinarische Ergüsse

Wenn es mir zu fad im Leben wird, suche ich neue Herausforderungen. Bis auf ein Kokos-Chinanüdelchen Gericht und Kohlsuppe, war das einzige was ich in der Küche Zustande brachte, eine von meinem heutigen Blickwinkel widerwärtige Kreation.

Ich kochte mit möglichst wenig Aufwand Nudeln (oft sind sie zur dreifachen Größe herangewachsen, da sie viel zu lange im Wasser kochten, verdammt! Teilweise vergaß ich sogar das Salz im Wasser, und dann wurde es richtig unangenehm), holte den 500g Tzatziki aus dem Kühlschrank, gab davon einige Löffel hinauf, stellte den Tzatzikitopf wieder in den Kühlschrank rein, holte die Discounter Tomatensauce hinaus, gab auch davon einige Esslöffel in das fröhliche Miteinander, bevor die Tomatensauce wieder in das sonst verlassene Fach des Kühlschranks wanderte. Als i-Tüpfelchen noch ein paar Spritzer Suppenwürzflüssigkeit.

Habe ich schon von meiner Suppenwürzflüssigkeit-Sucht-Phase erzählt? Es war mit jungen siebzehn Jahren, ich kochte auf die oben beschriebene Weise Nudeln, schmiss sie in eine Tupperdose, und gab etwa 10 Spritzer Suppenwürzflüssigkeit hinzu. Ich besaß damals aus Umweltgründen die 0,7 Liter Suppenwürzflüssigkeitflasche), Deckel drauf, und das Gericht kräftig schütteln, sodass die Suppenwürzflüssigkeit alle Poren der Nudeln benetzt. Diesen Vorgang wiederholte ich 3-4 mal, bis die Nudeln eine traumhaft dunkle Farbe erlangten und ihre volle Köstlichkeit entfalteten- é voila! Die Sucht nach Suppenwürze kam wohl durch die lange Zeit als Vegetarier, nachdem ich mit 14 durch Peta (Tierrechtsorganisation) verstört wurde.

Die Mahlzeiten wechselten nur insofern ab, da ich morgens die Nudel-Tzatziki-Tomatensauce-Suppenwürzflüssigkeit-Kreation kalt aß. Ist wie Nudelsalat, müssen sie mal probieren.

Jedenfalls, ich strengte meinen kreativen Geist an, und habe es geschafft 2 weitere Kreationen zu erdenken, die den kulinarischen Durst in meiner Jugend stillten.

Dieses Gericht nannte ich in Anlehnung an einen Menschen in meinem Leben "Würstchen auf Bulgur-Tomaten-Tornado."

Diese Kreation nannte ich "beigefarbenes Bananen Kúkú"

Kúkú ist sozusagen wie die Lautschrift von Couscous. Ich war damals total hip unterwegs, und dann schreibt man aus irgendeinem Grund die

Sachen anders. Die Leute fuhren voll drauf ab. Entweder wegen Geschmack, oder weil die Welt so etwas noch nicht gesehen hatte. Ich möchte nun gerne die Aufmerksamkeit auf ein Detail lenken. Sehen sie den mit Kúkú umworbenen Rand an der Schüssel? Das war ein Kniff, den ich mir bei den bekannten Margharita-Cocktails abgeschaut habe. Ich fand es immer wichtig, eine bestimmte Liebe zum Detail zu wahren! Ich ging zu den Erfindungszeiten des „Würstchen auf Bulgur-Tomaten-Tornado" immer die extra Meile, im Einkaufszentrum ein Marken Parmiggiano Pesto zu besorgen.

Ich sollte damals in diverse Kochshows eingeladen werden...nicht. Ich nahm nur einmal eine Einladung an, in einem veganen Etablissement zu kochen. Als einmaliges Event sozusagen. Natürlich servierten wir dort eine Version des Kúkú ohne das Marken Parmiggiano Pesto. Aber zu dieser Geschichte kommen wir später.

5_Eine Weihnachtsgeschichte

Also jetzt. Die 2 Frauen meines Teams und ich hatten das Kochen zufriedenstellend über die Bühne gebracht, und das Kúkú kam gut an. Schon während der Vorbereitung der Speise, fiel uns ein älterer Mann auf. Er kam des öfteren zu unserer Show-Küche (man kennt sie aus Sushi-live Restaurants), in der wir ebenfalls einen sehr mundigen Rotwein servierten, und wir kamen ins Gespräch. Bob (der ältere Mann, den ich erwähnte) war von hagerer Gestalt und offen gesagt schon zu etwa 75% verlebt. Er bewunderte unsere Kochkünste, und schon bald fielen wir seiner unnachgiebig-charmanten Art zu Opfer.

Bob hieß eigentlich anders, doch er hätte als einer von Bob Marleys Kinder durchgehen können, denn er spielte den ganzen Tag Gitarre in den Parks dieser Erde. Er hatte offenkundig Dreadlocks, ja selbst eine seiner Dreadlocks hatte eine weitere Dreadlock doppeldeckerbusartig noch oben drauf fixiert. Seine Füße waren blank, und sein Atem stank. Aber dazu gleich mehr.

Bob war ein Freigeist, zog von Amsterdam nach Granada, nach La Gomera in die Alpen und zurück und kreuz und quer. Unterm Arm immer seine Zeitung. Er schwärmte von den Nächten unter freiem Himmel, auch wenn ihm dabei schon mehrere Male ein Auto über die Füße gefahren sei.

Wir freuten uns über die nette Gesellschaft in der sonst so abgehobenen Veganerschaft, und als der Abend sich endgültig dem Ende zuneigte, nahmen wir Bob kurzerhand mit auf eine private Feier.

Ein Typ legte Koks auf eine CD-Hülle, beinah pustete jemand das Koks weg, weil sie dachte, das es um die CD ging, und sie den Staub von der Hülle wegpusten wollte, das wäre aber eine schöne Aufregung geworden. Bob war schnell weg von unserer Wahrnehmung. Der Rest des Abends war denkbar langweilig ohne Bob, aber als wir dann nach Hause aufbrechen wollten, kam er aus einem privateren Zimmer hinaus, in dem er wahrscheinlich wieder Gitarre gespielt hatte, und in dem man tiefgründige Gespräche führte.

Wir verließen die Wohnung gemeinsam und auf der Straße ahnte ich leise, welche Absichten Bob uns gegenüber gehegt hatte. Er sagte, er müsse auch in unsere Richtung. Mit weit aufgerissenen Augen versuchte ich die Aufmerksamkeit der Wohnungsspender zu erhaschen, doch es ging zu schnell, und die Gutherzigkeit siegte. Bob schwang sich genüßlich auf den Gepäckträger und wir fuhren in die unvergessliche Nacht.

Es waren nun 5 Menschen, Bob allen voran, die 2 aus dem Team, ein

Aufriss und ich. Wir saßen erst etwas im Garten, Bob erzählte davon, dass er einst Banker gewesen ist, aber dieses ganze Businessding nicht mehr machen wollte, und eins kam zum anderen, er lernte seine Ex kennen. Er erzählte, wie er das Wunder des Lebens hautnah miterleben durfte. In der Geburtsnacht habe er, Zitat "die Beine von ihr gespreizt" und das Kind "mit eigenen Händen zur Welt gebracht". Mithilfe vieler Gesten hob er die Bedeutung seiner Geschichte hervor. Bei "Beine gespreizt" machte er logischerweise diese erste Bewegung der Arme und Hände beim Brustschwimmen nach, und bei "mit eigenen Händen" sah er sich eigentlich nur staunend seine dreckgefärbten Hände an, unter deren Fingernägeln an 10 von 10 schwarz war.

Im Zuge dieser ergreifenden Geschichte, kamen wir langsam aus dem Delirium zurück, und machten uns, da auch die Nachbarn im Garten nebenan beim Frühstücken immer mal wieder angewidert überschauten, aufs Zimmer. Wir versuchten Bob daran zu erinnern, wie schön es doch war in seinem 1000 Sterne Hotel, unter freiem Himmel, zu schlafen, aber er war schon zu weit in unsere Herzen vorgedrungen, als dass wir ihm seinen Wunsch ausschlagen konnten, bei uns im Bett zu schlafen.

Wir hatten eigentlich kein Problem mit Nähe, doch es war eine warme und geruchsintensive Nacht, da Bob ausschließlich "Alt Herren" Tabak rauchte und zudem sehr gerne redete. Irgendwann fummelte Bob noch einer von uns Frauen am Bauchnabel, doch wir machten drei Kreuze, dass er davon absah, zu versuchen sie noch zu fingern.

6_Ausbeute

Hier eine milde Ausbeute von einem Song, den ich in einem schwitzenden Status mit einer Bekannten zusammen geschrieben habe. Der Rest ist leider mit der Zeit zu schlecht geworden, um diese Zeilen noch einmal jemandem zuzumuten.

Ich hatte einen Muschipilz,

machst du jetzt Schluss mit mir?

Es war eine Qual

und ich erzähl dir von ihr.

Juckende Vulva,

gereizte Lippen.

Tampon in den Joghurt dippen.

Dazu bleibt eigentlich nur zu erwähnen, dass man den Tampon nicht in Joghurt dippen und verwenden sollte, sondern solch eine Erkrankung in entsprechend professionelle Hände geben sollte.

Hier noch etwas anderes frauenspezifisches:

7_Holzauge sei wachsam

Ich würde mal behaupten dass viele Menschen, wenn sie sich einen Ort aussuchen müssten, wo sie ihren Lebtag verbringen, wäre dieser Ort das Internet.

In frühster Kindheit hatte ich, durch den Drang meiner Mutter, mir immer neue und zusammenpassende Schuhe, Taschen, Ohrringe und irgendwelche Accessoires wie Haarschmuck etc. zu kaufen, einen leichten Messi-Tick gehabt.

Ich kann mich noch daran erinnern, in einer ockergelben Hose, einem ockergelbem T-Shirt und ockergelbem Reißverschlussjäckchen auf die Dorfkirmes gegangen zu sein. Mir war das ungeheuer unangenehm, auch wenn ich mir das heute cool vorstelle, wie so ein schicker Kubaner mit Hut, aber ich war eben 12 oder so, und fühlte mich hardcore Fehl am

Platz. Wieso ich da so hinging? Meine Mutter hat mich gezwungen. Sorry not sorry Mama, is einfach so.

Ich trat auch einmal in einem Winterstepprock (ja so etwas gibt's) vor die Türe, und wurde sofort von einer Nachbarin angewidert gefragt, warum ich im Winter einen Rock trage. Und nein, ich bin kein Zeuge Jehovas. Das war einfach nur Tierquälerei. HALLO? Ich bin doch kein Tier. Und auch kein Gegenstand. Kein Moment, kein Gefühl und kein was auch immer. Geht's noch? Ich bin ein Mensch. Und das kann ich auch beweisen. Ich kann atmen, denken, sprechen, hören, sehen, fühlen, Willen ausdrücken, mich bewegen.. ok, jetzt wo ich das schreibe fällt mir auf dass manche nicht all das können und trotzdem Menschen sind. Ich denke ein Blick in den Spiegel hilft hier besser. Dann sollte man etwas sehen was sich so in Gestalt zwischen einem neugeborenen Menschen, Mr. Bean und Halle Berry befindet. So in der Art. Ja, ihr lacht vielleicht, aber in der Klapse war mir das nicht immer klar, weil es Menschen gibt, die vielleicht "weniger Mensch" als andere sind, und jemanden wie ein Tier oder einen Gegenstand oder was auch immer behandeln. Und das ist ein guter Grund diesen Menschen Gegenwehr entgegen zu setzen und sie daran erinnern, dass man ein Mensch ist. Ich sich jetzt mal so, die, die am meisten Mensch sind, behandeln andere mit viel Respekt, und dazu zähle ich jetzt auch mal Tiere und Pflanzen, auch Gegenstände, wieso nicht. Sachen kaputt zu machen ist doch auch gegen das Leben, die sind ja nicht für keinen Zweck erschaffen worden, weisch? Das artet jetzt etwas aus, also zurück dazu. Ich so als Messi.

Viele Sachen bin ich über die Jahre glücklicherweise schon losgeworden. Dabei ist ein Kleinanzeigenportal meines Vertrauens zu einem Teil meines Lebens herangewachsen.

Zuletzt bekam ich ein Gefühl dafür, wie groß die Langeweile von manchen Menschen sein muss, als ich ein Lattenrost loswerden wollte. Ich stellte das gute Ding erst im Tausch gegen eine Tüte Süßigkeiten ein (habe ich so von anderen Kleinanzeiglern gelernt), aber als sich keiner meldete, stellte ich es zu verschenken rein. Ich wohnte zu der Zeit auf St. Pauli im Herzen Hamburgs, und jemand meldete sich gleich. "Nein Danke, auf St. Pauli habe ich mir schonmal einen Lattenrost eingefangen, und musste damit zum Arzt"

Achso. Immer gut zu wissen. Das Lattenrost habe ich eine Woche später zugegebenermaßen einfach in den Hausflur rein gestellt.

Ein ander Mal wollte ich ein paar Lederstiefel verkaufen, mit 6cm Absätzen. Sie waren eigentlich schon gut durch, aber 3 Euro sind 3 Euro dachte ich mir, also wieso nicht versuchen. Es meldete sich bald auch einer.

"Hey, sind die Schuhe noch zu haben? :D lg, NAME VON MANN"

-"Ja sind sie."

"Die Schuhe sind getragen, oder?"

-"Ja, aber so noch in ganz gutem Zustand. Die Sohlen könnten nochmal neu beim Schuster gemacht werden, doch sonst sind die echt in Ordnung."

"Perfekt, ich würde sie dann gerne holen"

Wir machten Treffpunkt und Zeit fest, bis dahin sollten noch 3 Tage vergehen. So weit, so gut.

"Hallo, eine Bitte noch, könntest du mir die Schuhe in einer Tüte oder sowas mitbringen? Wäre super, sonst werde ich bestimmt etwas komisch angeschaut hahah :D" (er war ja ein Mann)

Kein Problem, alles klar. Dann am nächsten Tag:

"Werden die Schuhe eigentlich noch getragen?"

-"Nein, eigentlich nicht, darum verkaufe ich sie ja hier."

"Oh, okay, schade"

Mir dämmerte langsam womit ich es zutun hatte. Meine Gier nach den 3 Euro war allerdings größer, und deshalb ließ ich mein Ziel auch nach dieser merkwürdigen Frage meines einzigen Interessenten nicht aus dem Auge.

Am nächsten Tag:

"Hallo nochmal ^^ also die Schuhe, wurden die Schuhe denn zuletzt noch getragen?"

-"naja, irgendwann halt, aber schon längere Zeit nicht."

Die Gier des Interessenten nach frisch getragenen Schuhen wurde dann scheinbar auch geweckt.

"Oh Schade,

wäre es denn möglich, dass die Schuhe noch getragen werden?"

Irgendwo habe ich mal einen Spruch gehört, jeder ist käuflich, die Frage ist nur für wie viel. Scheint als hätte ich für gewisse Sachen an diesem

Tag meinen Preis gefunden.

-"Für 20 Euro lässt sich das einrichten"

Das war dem Typ natürlich zu teuer, und kurzerhand hatte ich ihn auf die Ignoreliste beim Kleinanzeigenportal gesetzt. Auf solche Pleitegeier habe ich keinen Bock. Also wenn man sich schon fetisch verlangt, dann fand ich, sollte man dafür auch etwas auf den Tisch legen. Ansonsten kann man sich doch in den Turnhallen beim Unisport bedienen. Aber da findet man ja keine geilen 6cm Absatz Lederschuhe. Hatte noch kurz überlegt, die Schuhe einem männlichen Bekannten zu geben, aber das war mir dann doch zu viel Aufwand, nen guten Lacher bekomme ich für weniger Mühe. Die Schuhe wanderten dann auch quasi direkt in die Altkleider.

8_Mad World

Manchmal finde ich es beängstigend, wie manche Leute auf der Welt unterwegs sind. Ich zähle mich selber eigentlich dazu. Und frage mich, wie es wäre, wenn Töchter, Söhne, Geschwister, Eltern und Freunde mitbekommen würden, wie man die Menschen erlebt. Oder was man über sie denkt. Wie man sie meist nicht in einen Kontext einordnen kann, aber es dennoch tut, um sich ein logisches Bild vom Ganzen zu machen. Wissen sie was ich meine?

Heute war ich mit dem Fahrrad- es waren zwar nur 3 Minuten zu Fuß, aber halt nur 40 Sekunden mit dem Fahrrad, auf dem Weg zum Supermarkt des Vertrauens. Ich radelte so vor mich hin, als ich eine Gestalt in der Ferne sah, und so dachte, ach diese Frau hat aber eine schöne, leuchtend pinke Burka. Und die passenden Handschuhe hatte sie auch. Ich kam der Erscheinung näher, kniff meine Augen etwas zusammen, und dachte nur so "häääääääääää?" Und die Gestalt hatte auch irgendwie ein Pinkes Gesicht, und von einem Mann wie ich sah. Er hatte sich einfach komplett mit pinke Sprühfarbe eingesprüht. WHAT THE FUCK. Es ging so schnell, ich war wahrscheinlich mit zusammengerunzelten Augenbrauen, aufgerissenen Augen und meinem Hää?-Mund den voll am anglotzen gewesen sein, und dann sagte er, er habe "einfach nichts zum anziehen gefunden". Mir fielen noch die etwa 20 an der Zahl kleinen Büggels (Stoffbeutel) und Plastiktaschen auf, die an ihm herumbaumelten. Ich fuhr irgendwie verstört weiter, heute muss ich sagen, hätte ich eher den Krankenwagen gerufen, weil es dem Mann offensichtlich psychisch gerade sehr schlecht geht. Das ist etwas, dass ich aus der Klapse gelernt habe, dass wenn man psycho drauf ist, dann geht es einem psychisch grade nicht gut und braucht Hilfe, ich meine, wenn da jemand im Straßengraben gelegen hätte, wäre es auch ganz normal den Krankenwagen zu rufen, nicht wahr? Ich komme mir sehr erwachsen gerade vor mit dieser Einstellung.

Zurück zum Wahnsinn. Einmal traf ich auf einer Party einen jungen Mann (Hot, eigentlich), der in Panama aufgewachsen war. Er erzählte mir, dass er und sein Kollege mal irgendwie Knarren kaufen wollten, und bei so einem lokalen Waffenhändler aufgelaufen sind, den sie über einen weiteren Kollegen kannten. Der hat denen aber dann gesagt, sie sollen das Geld da lassen und sich ohne die Knarren wieder verpissen. Tja, und dann hat er Panamaeico denen mal gesagt, was der für ein "de puta Madre" ist, und scheinbar ist es so, dass sie damit "Eier" bewiesen haben, und wurden ohne vermöbelt zu werden rausgeschmissen. Zwar auch ohne Waffen, aber als Rache schossen die beiden denen dann Drive-by ein paar Tage später, ein bisschen aufs Haus.

Ein ander mal war ich mit einem Freund am Reisen, auf einer alljährlich gut klimatisierten Insel. Der wurde dann von so einer Schnalle angeschwafelt. Es war dunkel und ich erkannte nur ein paar Möpse in der Silhouette und war schon eifersüchtig. Dann kamen die beiden näher, die Dame war etwa 50 und trug Einmalhandschuhe als Schuhe, und hatte den Wahnsinn in den Augen.

Die Dame geierte auf die Flipflops, die in der Seitentasche hatte, und ich gab sie ihr für den Weg aber nur. Sie erzählte dann etwas davon, dass ein Kapitän, mit dem sie zusammen wohnte eigentlich, ihr die Schuhe gestohlen hat, und sie deshalb jetzt in einer Höhle am Hang wohnt. Das ist eigentlich nichts ungewöhnliches für diese Inseln. Der Kapitän sei jetzt aber ein Arschloch, und dann gibts noch den Rastatypen im Süden, der sei eigentlich der beste Fick gewesen.

Ich dachte an all die Menschen in ihrem Leben, die so weit weg waren und wahrscheinlich froh darüber. Zu wissen, dass ich diese Menschen nie treffen müsste, aber was für eine irgendwie unangenehme Sache das wäre, gab mir ein komisches Gefühl im Magen.

9_Gute Frage

Es war ein verregneter Montag. Okay, eigentlich war das Wetter am Tag hervorragend gewesen, doch meine Stimmung erlebte "Ups und Downs". (Hier sei angemerkt, dass ich oft zähneknirschend Lady's Night lesen muss, obwohl dies "die Nacht einer Lady" bedeutet und nicht Ladies´ Night, die Nacht der Ladies, wobei das englisch ist, und wenn man es auf deutsch vermehrt heißt es wohl Ladys, also sowieso trotzdem ohne Apostroph. Naja, weiter.

Auf dem Weg nach Hause bekam ich irgendwie Herzrasen, und war ganz fluffelig im Kopf, wie zum Beispiel wenn ein viel zu aufregendes Lied in die Playlist kommt, man fährt mit dem Fahrrad und dann muss man sehr aufpassen, sonst fährt man im Zweifelsfall vor ein Auto, also eigentlich höchste Kopf- Alarmstufe. Ich schaffte es aber heil nach Hause, flenzte mich schnell in meinen Schaukelstuhl und wabte etwas herum, während ich apathisch auf die Wand glotzte. Dann entschloss ich mich einer Frage nachzugehen, die mich länger schon interessierte. Es ging darum, dass ich eine Sportjacke hatte, die sobald ich sie anzog nach Schweiss roch. Also wollte ich mich auf die Suche nach ein paar Hausmitteln machen und stieß auf ein Frage-Antwort Portal, welches ich schon oft gesehen hatte, aber nie wirklich wusste, was für ein Potenzial in der Seite steckt.

Alle, die damals vor der Schule noch schnell in den Schreibwarenladen gehuscht sind, um sich die neue Bravo, Yam oder Popcorn zu holen, werden das Prinzip noch aus der Dr. Sommer Kategorie kennen, wo Teenies dem Dr. Sommer ihre schönen Fragen über Sex, Beziehung und ihre Geschlechtsteile stellen konnten. Also man stellt halt eine Frage und der Normalbürger aus der "Community" können Antworten, nur nur der Dr. Sommer.

Was habe ich für Schätze gefunden? Also es ging ja erst um den Stink meiner Jacke.

"Hmm.. nicht nur duschen und Parfüm drauf sprühen, sondern einfach mal ein Deo benutzen". (achso)

"Kann sein, dass deine Waschmaschine verseucht ist. Machst du manchmal Kochwäsche? Wenn nein- das soll helfen um die Waschmaschine zu reinigen." (die Seuche ist echt eine schlimme Sache, also alle schnell eine Kochwäsche anstellen bitte!)

Bei einem Typ fand ich die Signatur "Für meine geliebte Katze Qasimir. *06.04.1986 +17.11.1999. Ruhe in Frieden geliebter Engel.

Die scheinen echt einen Hang zur Dramatik zu haben.. eine hatte als Signatur, also jedes Mal wenn sie irgendwo was postet, erscheint das: "Ich habe irgendwann aufgehört die Male zu zählen, in denen ich mich in den Schlaf geweint habe" (okeeeeeeeee).

Naja. Hier noch was besinnliches: Ein junger Türke hatte irgendwie das "Problem", dass er zwar nicht gläubig sei, dennoch die ganze Zeit an Jesus denken müsste. "Was ist mit mir los?" sagte er. Darauf hin, beste Antwort: "Wenn mich der Name des Friedefürsten irre macht, dann bin ich gerne irre ! Werde ich verrückt an ihn, so weiß ich wofür ! Was also ist dein Problem ? ?" (ich denke also Probleme sollten hiermit geklärt sein. Vor allem seine Lücken bei den Satzzeichen.)

Am liebsten sind mir dann doch andere Menschen, die witzig sind, ohne es zu wollen. Also hier noch ein paar Findlinge:

Der eine hat "Deprisionen" (hat vielleicht etwas mit Prison Break zu-tun?, Kann man im Nagelstudio HIV bekommen? Kriegt man von Nudel Würmer in dem Kot? Lunge kaputt durch übermäßiges Einatmen? 10 Minuten am Tag Seilspringen oder mehr? Eine sucht "Depri Sprüche zum Heulen", Hilfe, meine Freundin furzt bestialisch, und ein Furz wird als "Nachbrenner" bezeichnet, Das Mädchen, was einen orangen "Kreis" ums Maul hat, von zu vielen Möhren essen, ein Junge fragt sich, was es bedeutet, was ihm auf der Straße gesagt wurde, und zwar "was guckste muckste", Meine Katze beisst mich nachts in den Kopf wieso?, die Überschrift "Wie wird das gezählt zu welchen Tag?", die Frage "Kann ich mit dem Reisepass in die Türkei fliegen" und die Antwort darauf "Nein, du brauchst ein Flugzeug", "was machen Männer mit ihrem Penis, wenn sie eine Unterhose anziehen?"; "Was ist KEIN Vertrag?" (naja, ein Stachelschwein ist kein Vertrag schon mal zum Beispiel), "Wie kann man sich möglichst schnell und schmerzlos umbringen? (War aber nur ein Vorwand zum Reden).

Also ihr seht, man kann echt eine Menge Spaß in diesen Foren haben, also schaut es euch selber mal an.

10_Dialoger Treff in Berlin

Ich fahre mit einer Mitfahrgelegenheit, seit kurzem Blablacar genannt. Einmal saß ich in einer Mitfahrgelegenheit und ein Mitfahrer, der als Job immer irgendwo Autos abgeholt hat, wurde gefragt, ob er immer mit Blablacar führe. Der Mann stolperte unsäglich über den neuen Namen "Ja ich fahre immer mit blablablabla Car". Deshalb mag ich den Namen nicht.

200 km bis Berlin. Mir bereiteten die Hundeleckerlies im Fußraum sehr große Freude (sie liegen dort neben Tee Zubehör und leeren Desperados Flaschen). Sie malten dort mit ihren Nebenbuhlern ein poetisches Antlitz und ich starrte es apathisch an. 150km bis Berlin. Ich wünsche mir, das Auto würde etwas mehr nach Hunden riechen, als nach altem Furz-Cigarillo-Muff.

Ich schäme mich nicht, als ich den abgepiddelten Fingernadel in die fröhliche Runde im Fußraum werfe. 100km bis Berlin.

Endlich in Berlin. Dialoger, das sind so Leute, die einen auf der Straße anbabbeln, dass man jetzt ein Spendenmitglied wird, zum Beispiel für Amnesty International etc. Mir fällt jetzt auf, dass Promotion die größte Scheiße ist, die ich mir vorstellen kann. Ich frage mich, wieso ich das nicht vorher gewusst habe. Der Gedanke daran, wildfremde Menschen auf der Straße anzusprechen, lässt meine Systole auf 180 die Minute steigen. Ich verbringe eine kostenlose Nacht in einer Berliner 4-Zimmer Altbauwohnung, alleine in Kreuzberg. In den letzten 2 Stunden habe ich eine Panikattacke entwickelt und wieder das Rauchen angefangen. Als ich vergebens versuchte einzuschlafen, kam mir um 3 Uhr nachts endlich ein beruhigungsmittelgleiches Bild in den Sinn: der Fußraum. Die nächsten 2 Stunden verbrachte ich mit dem Gedanken an Ihn, bevor ich nach 23 Stunden Berlin wieder nach Hause fuhr.

"Ode an die Freunde"

Große Freude hast du mir bereitet,

Hundekeks im Fußraum.

Biscrock der Frolic begleitet,

nicht nur für Hunde ein Traum-

Hundekeks im Fuß-raum.

Donut aus Rinderhüfte,

Oh, braunes Auge mit kleinen Stückchen.

Biscrock ist dein Einmannzelt,

du baust ihn auf.

Wie bei einem Gehstock,

stützt er sich auf dich drauf.

Frolic so saftig,

und Biscrock recht knackig.

11_Sack

Mich verschlug es zum Reisen nach Marokko. Scheiße ich gebe zu, irgendwer hatte mal eine hübsche Tasche gehabt, ich fragte woher sie sei, sie sagte Marokko und schon war meine Idee mal nach Marokko zu fahren geboren. Ich wünschte es gäbe noblere Ziele: Kultur, Land und Menschen, was auch stimmt, denn so einen Verkehr zum Beispiel sieht man auch nicht alle Tage, immer wird fast jemand angefahren, die Zebrastreifen stammen auch aus französischer Zeit wie es aussah. Essen ist auch sweet, und die Menschen und so, aber ich war wirklich sehr scharf auf meine hübsche neue Tasche.

Jedenfalls war mein erster Couchsurfer Zack. Ich sprach das in unserer kurzen Zeit zusammen immer wie "Sack" aus, ihm wars egal, und so hatte ich schon ein paar Grinser für den Tag gesaved.

Sack war so ein bisschen moppelig gewordener Rasta. Das wäre mir egal mit dem moppelig, und nicht erwähnenswert, wären da nicht die Fotos auf dem Elngammelportal, in denen er einfach ganz anders aussah. Er hatte weder Zahnbürste oder Zahnpasta zu Hause im Bad. Also eigentlich war er ein dufter Typ, voll nett mich am rumtöffen mit seinen Homies. Hab zwar gesagt ich komme mit dem Bus in die City, aber dann hätte er nicht tausend mal sagen können "I know i am nice Guy, i pick you up, be careful, not everybody nice like me" aber er war einfach nicht mein Typ, so mit Hintergrundfoto von sich selbst, und noch ein anderes Foto von sich selber bei der Nachrichten App..

Wir verbrachten den Tag mit Tee saufen und am Abend in einem Café auf der engen Straße der Medina (Altstadt) wo ein voll orientalischer

Gepäckesel vorbeigelaufen kam, und Frauen mit Nici-Flauschstoff Burkas. Danach ging es nach Hause und Sack ging in die Vollen. Er hat schon erwähnt, dass wir ja später im Bett einen Film gucken könnten und so, klar wieso nicht, doch ich hatte wirklich keine Lust, ich wollte mich einfach todmüde auf die Couch lunsen und chillen. Dann fing es an "yeah we can Chili together in bed, you want, we can sleep here" (deutend aufs Bett) "or here" (deutend auf die Decke neben seinem Bett) "or yeah, we can watch mooooovie" (so mit den Achseln zuckend) "or sleep on the Couch or sleep here" (das mit Couch sagte er ganz schnell, und dann wieder normal während er wieder aufs Bett zeigte). Ich sagte dann "yeah, i will take the Couch but thanks". Dann brachte mir Sack eine Decke und ausser in einem beleidigten Schmollton "well, here is your blanket cause you have to sleep so far away from me" wurde ich ab da für den Abend mit Schweigen "bestraft" lol.

Am nächsten Morgen erwachte ich, als Sacks Katze auf mir herumkletterte. Wobei, das war irgendwie komisch, weil ich noch gar keine Katze gesehen habe, und die Katze auch immer weiter auf einer Stelle in meiner Schultergegend herumtrampelte, da merkte ich, dass es sich bei der Katze um Sack selber handelte, der mir eine weitere Decke drübergeschmissen hatte, und diese mit sehr vielen Berührungen zurechtklopfte. Das war sehr umrührend und ich bin überhaupt nicht fast ausgerastet weil mein geliebter Schlaf unterbrochen wurde. Über das Frühstück hin resümierte Sack nochmal im beleidigten Schmollton "well yeah, so we planned yesterday to watch movie, but you were tired, so well, but it okay, so maybe today wo go somewhere together, maybe no.. hehehe I am Sack, i very nice Guy, no Problem, if you want go, you go, if you.." blabla es ging so weiter, und wir einigten uns auf ein Auseinanderdriften. Später sah ich Sack nochmal sehr viele Selfies in einer Gruppe posten, von der die nächste Geschichte handelt. Voll der Banani, wie kommt so einer an ein Auto im Leben?

12_Leben am Limit

Später ging es dann zu einer Hippiezusammenkunft in der Wüste, mit etwa 35-40 Beteiligten (zum Vollmond hin wurden es bald 80 Mann). Abends kamen Besucher aus dem nahegelegenen Dorf, die hauptsächlich zum Trommeln am heiligen Feuer gekommen waren.

Diese Zusammenkünfte waren fast das ganze Jahr über, immer einen Mondzyklus lang, und wanderten von Ort zu Ort. Meist siedelten sie sich an traumhaften kleinen Flüssen, in Märchenwäldern, am See oder Meer an. Oder eben wie In meinem Fall in der Wüste. Sehr schön auch hier, doch die ersten Tage konnte ich den Hauptplatz kaum verlassen, da die Aklimatisierung schwerstens fiel- tagsüber ungefähr 50° und nachts um die 0. Ich wanderte alleine eine Stunde mit schwerem Gepäck, 2 Decken und 7 Litern Wasser, Düne über Düne, bis ich glücklicherweise ein Fähnchen entdecken konnte, was mich zum Camp leitete. Die bereits angekommenen Hippies begrüßten mich herzlich und ich war rechtzeitig zur Fütterung gekommen. Jeder, der von der Zusammenkunft wusste, konnte unangemeldet kommen. In Zeiten des Internets wurden es also wohl immer mehr und auch ungefilterter.

So wurde auch in der Küche Pi mal Daumen gekocht, wobei das ganze sowieso auf freiwilliger Mitarbeit aufbaut, also jeder kann so ein bisschen machen was er will, kochen, oder den anderen Yoga, Bellydance oder Massage beibringen, singen, Storytelling, tanzen, musizieren.

Es passierten langweilige Dinge, und dann war eines Abends war

Vollmond, und das ist sowas wie Weihnachten und Ostern zusammen für die Hippies, da waren die Energien einfach hart am Start und Wahnsinniges passiert. Ich war voll drin in Move und fragte mich schon, ob die Geschäfte morgen auf haben, wegen der großen Vollmondzelebrierung. Dann fiel mir ein, dass das außer ein paar In- Lederfetzen-Bekleideten, die ums Feuer rumspringen, keinen interessiert.

Es gab ein cooles "Ritual" was wir machten, da stellten sich alle in einer Art Kringelformation (also wie so ein verwirrtes Kreisel Ding, oder die Linie von einer Schnecke) und das ganze Wurde als Gang von Menschen gebaut, und derjenige, der immer am Anfang dieses Kringels war, (andersrum macht es keinen Sinn weil man sonst ins Feuer rein geht) ging durch den Gang mit geschlossenen Augen, und die Leute an den Seiten führen den sozusagen, oder sagen dem was, oder geben dem ne kurze Massage, derjenige kommt da so ganz langsam vorbei. Das war schon geil, ein Typ pustete dann noch mit nem Digeridoo herum, echt Hammer auf jeden Fall.

Des Morgens war es bereits widerlich, wegen der ganzen Essensreste, die wir mit Sand aus den Schüsseln "spülten", hatten sich unzählige Fliegen dort angesiedelt. Ich hatte mich zum Schutz komplett mit Kopftuch eingehüllt. Kurz fragte ich mich, ob die Menschen deshalb in arabischen Ländern immer verschleiert sind, wegen der Fliegen. Aber es waren ja wir, die die Fliegen mit Essensresten einluden, sich in dem wüstigen Nichts anzusiedeln. Was die Menschen dort wohl über uns dachten? Wir kamen alle aus den "entwickelten" Ländern der Erde und lebten hier temporär wie Waldschrate, oder Wüstenschrate, die nicht mal verantwortungsvoll damit umgehen. Von Magen-Darm-Virus, Parasiten im Darm über allerhand Infektionen hat alles seinen Umlauf gemacht und man erwischt die Leute die sich nach dem Kacken nicht die Hände desinfizieren in der Küche Essen machen. Ach, ich will davon nicht anfangen, der Titel sagt ja genug. Ich will nur darauf aufmerksam machen, für die, die es nicht geschnallt haben, dass man, nachdem man sich am Futtloch gekratzt hat mit der Hand nichts in Gesicht oder gar Essen zu suchen hat. Und dass man sich beim Camping gerne auch mal eine Wasserflasche mit zum Pinkeln nehmen darf, sodass wenigstens nur Wasser die Unterhose (wenn man denn eine trägt) befeuchtet. Bei einem dieser Treffen ist sogar ein Kind total krank geworden wegen der mangelnden Hygiene.

Ich wünschte dort wären Fotos erlaubt gewesen, ich habe dort Finger- und Fußnägel gesehen, bei denen mit persönlich die Lust am Leben vergangen war. Hier eine Zeichnung:

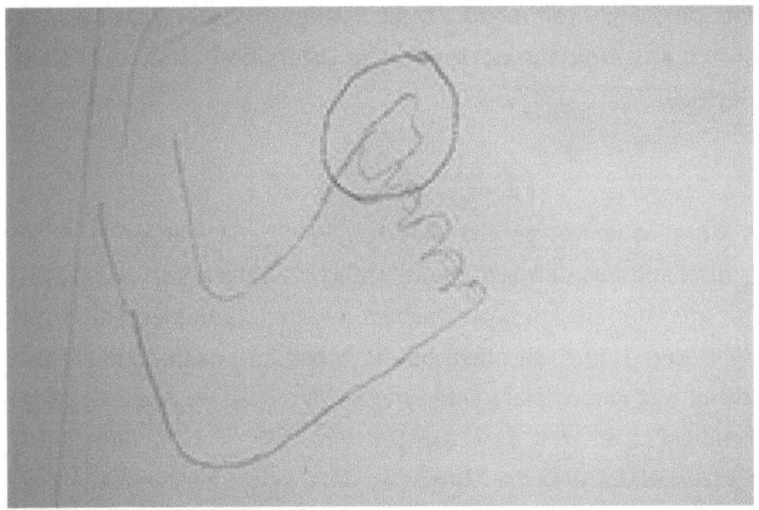

13_kotzen und scheißen: meine spirituelle Reise ins Nichts

Während meines Psychiatrieaufenthaltes vor 5 Jahren manifestierten die Ärzte und ich ein Frühwarnkonzept zur Erkennung einer sich anbahnenden Psychose. Dazu gehört: zu denken, dass man unnormal kreativ ist (was ich daran liebte), keinen klaren Gedanken zu fassen (aber das denkt man ja da, dass man es GENAU erst dann wirklich zum ersten Mal macht), Schlaflosigkeit, und der plötzliche Glaube an Außerirdische oder andere Religionen. Ich hatte aber während der Erarbeitung schon meinen eigenen Psychocheck im Sinn.

Man ist so rastlos, und wenn ich so drauf bin vergesse ich alles: schlafen, essen, geistige und körperliche Grenzen, und leider auch die Körperpflege. Eigentlich müsste ich wahrscheinlich nur einmal ernsthaft in den Spiegel schauen, und würde wissen, dass mein Kopf wieder an der Stratosphäre kratzt, doch wer will das schon in dem Zustand? Gibt ja TAUSEND wichtigere Sachen... den Körpergeruch kann man noch mit Deo 3 Tage lang bekämpfen, aber bei den Zähnen sieht das ganze anders aus. Nämlich ungefähr so, als hätte ich in ein Brot mit dick Erdnussbutter gebissen und danach einfach alles mit der Zunge über die Front verteilt. Wenn man es sich noch bildlicher vorstellen will, so könnte man mit einem langen Fingernagel ebenso dort nach einem rüber fahren sehr reichlich "ernten". Lecker schmecker sag ich nur.

Und tja, sollte ich rausspacen, konnte ich den Wahn im Keim ersticken. So die Theorie.

Kennt ihr "lucid dreaming"? Das ist so ein bisschen wie bei Inception, wo man dann im Traum "wach" wird, das geht mit so einem Kreisel, aber ganz ehrlich, es ist viel einfacher zu versuchen die Hand in die Wand zu stecken, das geht nämlich im Traum, und das muss man einfach paar Tage lang immer mal machen und dann macht man es irgendwann unterbewusst und dann -boom- im Traum und dann denkste "wat is denn hier los?" ich träume, und dann kann man fliegen und solche Sachen. Manie oder Psychose fühlt sich ein bisschen so an, deshalb erwähne ich es mal.

Kurz nach dem Treffen mit den Schimmelzehnägeln, suchte ich in Spanien nach einem chilligen Platz zum chillen obviously und fand mich in Südspanien an berühmt berüchtigten Plätzen wieder. Es gab da Höhlen, was im Grunde einfach große Löcher eigens mit Spitzhacke in den Berg gehämmert, wo man wohnen konnte. Ich bin da durch einen Bratan auf der Straße hingekommen, und wurde selber Straßenbratina in diesem Sinne. Manche würden sagen der Typ ist ein Penner. Das hört sich scheiße an wird meinem lieben Freund überhaupt nicht gerecht. Der Typ ist der absolute Oberhammer. Einmal, wir waren wieder den ganzen Tag nix am machen, versammelten wir uns abends an unserer Feuertonne und er zündete sich eine Jolle an, mit dem Spruch „das haben wir uns jetzt echt verdient". So eine Scheiße hat mich immer voll tot gemacht.

Ach, ich mach es kurz. Der Opa von einem Höhlengenossen ist gestorben und von dem Erbe hat er Acid für alle geholt, welches wir auf Gummibärchen träufelten und dann genüßlich vertilgten an einem schönen Nachmittag. Das fühlt sich übrigens auch wie Psychose an, vielleicht ist es das auch einfach, und deshalb die Gefahr dass man auf Acid hängen bleiben kann, oder halt auch auf Psychose hängen bleiben kann, und das kann ich echt keinem raten. Jedenfalls, wir so am tippen. Wir liefen den Berg hinauf, schmissen alles was wir am Leibe hatten bei der Reise von uns und saßen kurz darauf nackt im Kreis, danach lagen wir nackt aufeinander etwas rum (ohne sexuell, einfach so). Die Bäume zeigten Figuren, die kleinen Steinchen auf dem Boden konnten uns nichts anhaben, als ich meine Hände durch sie fuhr, waren die irgendwie ein Teil von Ihnen, es war nicht kalt, alles, die ganze Geschichte der Welt und der Menschen, mit den Tieren machte Sinn und nichts schien unmöglich. Auf dem Weg zurück wurde ich irgendwie Teil der Farne und saß dort im Einklang auf die Stadt blickend. Am Feuer machten wir Musik und irgendwann klang der Stoff ab, die ganzen Pieksdinger die es im Süden Spaniens zu Hauf gab, machten sich bemerkbar, und wir tauschten alle unsere Klamotten mit Neuen aus dem free shop aus.

In der Zeit hatte ich die ganze Zeit so ein starkes Bild von einem Zahnrad, was so perfekt in einander läuft, und wir sind alle einfach so die kleinen Rädchen die halt im Getriebe schon fest sind und sitzen und einfach unseren Teil vom großen Ganzen erfüllen. 3 Zahnräder stellte ich mir vor, weil ja 3 reichen um eine Ebene zu beschreiben. Voll dumm iwie weil dat Leben is ja mal mindestens vierdimensional. lol.

Der Acid Flashback kam 3 Tage nach Einnahme der Präparierten Gummibärchen. Darum sind Drogen auch so gefährlich für Bipolare. Dann kommste wieder runter und wieder rauf wie der Lauf der Welt es will. Wir Höhlenkiddies wollten einen Ausflug an den Strand machen, ich hatte wieder bisschen rumprokrastiniert und durfte jetzt in 2 Tagen, neben normaler Lebensbeschaffung, einen Schlafsack besorgen, Sachen bei einer Freundin in der Stadt abzuholen (wir wohnten abseits in Höhlen), und wollte noch 3 Decken aus Marokko verkaufen. Die Decken hatte ich dort als Schlafsackersatz gekauft, weil ich partout keinen Schlafsack kaufen wollte, weil ich zu Hause erst einen neuen gekauft hatte. Es stellte sich aber heraus, dass die Decken sehr schwer und wenig wärmebringend waren. Das hört sich auch nicht nach soo viel zu tun an, aber bei 40° erstmal 15 Minuten zur Internnet-Abgammelstelle zu laufen, dann kommunizieren mit der Freundin, und durch die heiße Stadt laufen etc. pp. Könnt ihr euch ja mal denken.

Jedenfalls war ich gestresst irgendwie, und jemand hatte wohl einen Schlafsack für mich, also wollte ich kurzerhand bei ihm vorbeischauen und folgte einer groben Beschreibung auf der Suche nach seiner Höhle.

Ich wanderte über die Berge und fühlte irgendwann ein piksen am Fuß. Ich gedachte eines Skorpions den ich am Vortag unter einer Pfanne entdeckt hatte, und dachte ich wäre von ihm gestochen worden. Trotzdem setzte ich meine Schlafsackmission weiter fort, und gelang nach etwa 30 minütigem herumirren in der Hitze mit gedachter Vergiftung an eine Art Siedlung im Berg. Im Berg waren überall Höhlen, aber so richtig hart verschratet, wenn man das so sagen kann. Da waren riesen Lager von recycelten Sachen, Puppenköpfe auf irgendwelchen Pfosten, in der Wand war eine Aushöhlung mit einem Gitter davor, in der ein scheiß Hahn war und an irgendeinem Pfahl mit Metallleine angebunden kam mir ein Boxer zähnefletschend entgegen. Gelobt sei der Herr, denn der Besitzer kam auch bald und ich konnte ihm in meinem Gammelspanisch den gesuchten Kollegen beschreiben.

Dann kam ich endlich, mit den Nerven fertig bei dem Typ an, und scheiße der war selber voll aufm Schizotrip (Stimmen hören oder was sehen, was nicht da ist) und wollte noch irgendwie was mit mir starten. Den besagten Schlafsack sah ich mir auch an, nahm ihn aus Nettigkeit mit denke ich mal, aber der war voll krank dreckig und auch Blut drauf oder so, also auf jeden Fall eher nichts für mich, also empfahl ich mich. Habe später dann einen im Second Hand Laden gekauft, was ich gerne mal vorher gewusst hätte, denn diese Läden sind übelst geil in Spanien. Ich musste nach dieser Mission aber erst einmal in den Wald und mich runter meditieren.

Aber das heilige Zahnrad hatte andere Pläne.

Ich ging so in den Wald auf der Suche nach einem chilligen Platz und mich lockte aus der Entfernung ein halb abgeschnittener Baumstamm, ein herrlicher Stuhl auf dem ich wunderbar sitzen wollte. Ich marschierte 200,300 Meter dort hin und dann kam der letzte Tropfen auf dem Wege in den Wahnsinn. Ich setzte mich hin und neben mir auf dem Boden lag ein abgebrochener Flaschenhals. Ich fing an zu schluchzen.

Mit 7 oder 8 ging ich mal als Kind auf jemanden mit einem abgebrochenen Flaschenhals los. Irgendwie habe ich die Sachen aus dem Fernsehen immer gerne ausprobieren wollen, ob das wirklich klappt. Also sorry auch an wen auch immer der im Kindergarten beim Plumpssack der herumgeht voll auf die Fresse geflogen ist, weil ich mein Bein mal kurz nach hinten gestreckt habe..

Also ja wegen dem Zahnrad, und weswegen ich am flennen war. Ich glaubte ja in diesem Acid Flashback oder Minipsychose dass alles einen Sinn hat und zusammenpasst und der Lauf der Dinge und dass das alles wie Zahnräder ineinander greift, dann ist dies wohl der schönste Tod den ich mir vorstellen durfte. Ich weiß, dass es passiert, kann meinen Lieben noch eine letzte Nachricht schicken, dass ich sie über alles liebe, ich sterbe in meiner Lieblingsposition, chillig am Sitzen, hätte wundervolle letzte Tage, bin mit der Welt im Reinen und nehme mir das Leben mit einem abgebrochenen Flaschenhals, also das womit ich damals jemanden selber mal an die Gurgel wollte.

Tja, also ich schätze mal, dass Drogen deshalb so unbeliebt sind, einerseits sind das echt wahnsinnige Sachen die kleinen Dinger können einem einen Rausch vom allerfeinsten geben, aber wenn der Kopf dann seine sonderbaren Verbindungen macht, wird das ganze schon schnell nicht mehr lustig. Tja und jetzt bin ich tot. Nein, joke, ich dachte mir so, "nö, wieso soll ich denn sterben, also ich mach das nicht selbst jetzt hier am Arsch der Welt und was ist dann mit meinem ganzen Zeug, da hatte ich ja schon Souvenirs und so für meine Familie, dat kriegen jetzt net die Höhlenheinies hehehe.

14_Die Geschichte, wie ich mich selbst sexuell belästigt habe.

Nach den Höhlen ging es weiter in einen Wald, um dann da auch weiter zu pennern oder "campen", was in meinem Fall einfach schlafen auf der Isomatte unter freiem Himmel bedeutete. Seit dem Umzug in die Natur waren meine Notdürfte nicht mehr geprägt von interessanten Zeitungen auf dem Pott und lecker Duftstäbchen am schnüffeln. Irgendwie glotzte der Wald einen immer dabei an und ich wollte dass es schnell ging. Zuhause sind mir oft die Beine eingeschlafen, weil ich so lang rumsaß und Witzbildchen auf dem Handy durchscrollte.

Also ich hatte am Tag, an dem diese Geschichte spielt schon 24 Stunden nicht gekackt, war aber schon 3 mal zu einem mehr oder weniger passenden Ort gelatscht, und langsam wurde ich ungeduldig. Der Ort war so etwa 1m weg von einem Weg, in einer Böschung mit größeren Steinen, wovon ich einen aufheben zu gedachte, um mein Häufchen in ebendiesem entstandenen Bette einzusetzen, und dann perfekt wieder mit dem Stein zu schließen gedachte. Ich nahm meine Wasserflasche (in der Wildnis wird traditionell Indien Style der Popo abgewischt: Finde ich eigentlich cool, wenn die Leute sich danach ordentlich die Hände waschen. Die Hippies sagen, wenn du etwas Schmutz an der Achsel hättest, würdest du es mit Wasser oder Papier wegmachen? Wahrscheinlich ist eine Kombination aus beidem der goldene Pfad, wie immer, denn ich würde jetzt auch nicht einfach Wasser los, wenn da noch größere Mengen sind also die erstmal so mit Papier "wegschaffen" ... naja), also ich nahm meine Wasserflasche (ich fühlte mich selten so allzeit fresh, fiel mir noch ein), also ich nahm meine Wasserflasche und ging zu meinem Steinbett, saß da so und mal wieder wollte der Enddarm mir keine Freude bereiten.

Ich fühlte aber, dass da mindestens eine kleine Sache war, und ich wurde langsam genervt und wollte das da raus haben. Kurzerhand habe ich es dann einfach rausgeholt, es ging ganz schnell, Finger rein und ertasten, rausführen. Ich habe gar nicht darüber nachgedacht, aber danach war ich irgendwie kurz verstört gewesen. Was habe ich getan?

Ich beichtete einem Vertrauten und er sagte mir, dass das in der Bundeswehr in seinem Land eigentlich immer so ist, dass man danach "sauber macht". Ich fühlte mich gleich besser und das ganze machte in mir so eine Art Heimatgefühl breit, dass ich auch weit weg von zu Hause so ordentliche Bundeswehr Sachen machte und sogar selber darauf kam.

Ich war fast schon stolz auf meine Entdeckung, praktische machte ich damit aber nicht weiter, sondern legte eher Wert auf ein schönes ruhiges Plätzchen, wo ich meinen Bedürfnissen nachgehen konnte in irgendein Magazin versunken und mit eingeschlafenen Beinen.

15_OMG ich häng mit Pennern

Immer noch im Hippiewald saß ich auf einem ausgelutschten Teppich für den Morgenkaffee.

Ein Ort, wo sich für einen Tag wie ein König zu verwöhnen bedeutet, den Topf fürs Kaffeekochen vorher sauber zu machen. Energie, die im Tornado der Drogen oft nicht aufzubringen möglich scheint.

Kollege Pedro kam von seiner Tabakmission in der Stadt wieder, und drückte grade die Kippenstummel in eine Packung rein. Föxe nennt man die Stummel dafür wohl habe ich zwischenzeitlich gelernt. In der Klapse paar Jahre später wo auch die Katzenfrau war.

Also Pedro. Ich mochte den Kerl. Er fragte immer: "tienes papel?" (Hast du ein Blättchen?), "tienes Carton?" (Hast du einen Filter?) oder "tienes manta? (Hast du eine Decke?), und war eine richtige Marke. Ich wurde auf ihn aufmerksam, da er eigentlich immer am heiligen Feuer rumlag, was es in diesem Hippiewald genauso gab wie auf den Hippiezusammenkünften. Nach ein paar Wochen Feuerlägigkeit war Pedro dann aber auf einmal voll unterwegs, kam mit vollen Taschen vom Recyceln in der Stadt zurück und trug eine große Sonnenbrille, womit er echt cool aussah, und wollte seine Beute verkaufen.

Wir kochten abwechselnd mit ein paar Leuten, mindestens einmal am Tag, ich dann mal Nudeln mit Ratatoullie, ein anderer Kartoffelpfanne Currystyle, noch ein anderer Wraps mit geilen Sößchen, und Pedro- Reis mit Zucker. Was für ein Visionär!

Einige andere dort waren auch immer so komische Kackscheisse am mampfen. Zum Beispiel eine Frau recycelte einfach immer weiter Obst und Gemüse, jedoch mit einer unstillbaren Gier, sodass sie am Ende immer die alten, halb fermentierten Sachen aß und das frischere Zeug bis zum Verzehrzeitpunkt auch wieder scheiße war. Daraus resultierte nicht selten Durchfall, was aber in der Hippiewelt, genau wie Erbrechen, Reinigung bedeutet. Tja, es ist wohl wahr, dass sich jeder seine eigene Realität schafft.

Ich verstehe auch nicht, was Hippies immer mit ihrer weißen Kleidung haben. Wieso ziehen die so oft weiße Sachen an, aber da sind dann 400 Flecken drauf?

Hier jetzt noch ein paar Songtitel für diese Gefielde:

Tienes papel? (auf Feliz Navidad gemünzt)

The taste of state welfare

Tigo con los ogos rojos (Der Onkel mit den roten Augen)

Dont put eggs on the sacred fire- Ballade

Amigos della botella (Freunde der Flasche, denke ich jedenfalls, so gut Spanisch spreche ich jetzt auch net)

16_Hundeflüsterer

Guisante war ein Hund, der sich mit dem Hinterbein am Ohr kratzte, sich damit selber überwältigte und vom Stuhl fiel. Ein Hund, der wohl nie Bällchen holen würde, da er vom Zeitpunkt des Ballzeigens zum Zeitpunkt des Ballwerfens die Aufmerksamkeit verlor. Der es immer wieder schaffte, sich beim Pinkeln auf die Vorderpfoten zu pissen weil er bei der Miktion schon aufgewühlt weiter schnüffelte und sich nach vorne lehnte. Er schaffte es auch des Öfteren angepinkelt zu werden, weil er die Menschen die pinkelten begrüßen wollte und sich um deren Beine kringelte. Erschwerend kam dazu, dass seine "Hundemama" ihm eine Angst vor Wasser verpasste, da sie alle Welpen kurz nach der Geburt ins Wasser warf, angeblich um ihnen das Schwimmen beizubringen. Das ist augenscheinlich gar nicht hundeflüsterermäßig.

Der kleine Guisante kam auch aus der Hippieschlucht, von der ich schon berichtete. Er lief meist alleine durch die Gegend und siedelte sich irgendwann in meiner Nähe an. Ich hatte ab und zu ein vertrocknetes Brot für ihn. Später kaufte ich für nen Zehner eine riesen Tüte Trockenknübbelchen, doch nachdem seine Rippen nicht mehr so stark durch sein Fell durchschienen, schrien seine Geschmacksknospen nach mehr. Man konnte ihn dann mit sowas wie den Überresten von Käse eine Freude bereiten, was ihm zu dem Spitznamen "Rindenmolch" verhalf.

Ich liebte diesen Hund.

Als ich die Schlucht, mit der Destination Deutschland, verließ, packte ich Guisante kurzerhand ein. Bum bum, Impf- und Reisepass und ab dafür. Ich stellte mir das so einfach vor wie in der Schlucht, er lief schön neben mir, ohne Leine, nur ein kleiner Faden aus Strickgarn verband sein Halsband mit meiner Hand. Nicht wirklich limitierend.

Im heimischen Nest angekommen, kam ich mir anfangs wie ein wildes Tier vor. Ich verinnerlichte die Etikette meiner Ahnen schnell wieder. Anstatt einfach ins Bett zu gehen, wenn ich müde war, sagte ich jedem einzeln gute Nacht und Drückerchen. Denn die wohnten nicht 5 Minuten Fußweg weg, sondern fuhren mit ihren Autos nach Hause.

Tja und Guisante vergaß in wenigen Wochen, dass einst Eierschalen und hartes Brot seinen "Napf" füllten (welcher ein abgebrochener Blumentopf war).

Mehr und mehr Testosteron pumpte durch seinen Sack und seine Adern. Er machte es sich zur Aufgabe, in den unpassendsten Momenten eine Machoperformance vor dem Herrn aufzuführen. Als ich bei meinem Lover auf der Couch saß, und mit seiner Mitbewohnerin sprach, in der gut besuchten Fußgängerzone am Samstag Mittag, im Treppenhaus vor der Arztpraxis mit Glasscheibe und drei Zeugen an der Anmeldung. Es fing an mit wildem Gewusel um die Beine, schweinisches Atmen folgte und dann der Popversuch. In dieser Zeit hat Guisante schon 22 Kilo gewogen und war kniehoch.

Sowieso hatte er eine Engelsgeduld für Hierarchiespiele und es war keine Seltenheit ihn während der Futterzubereitung 8-13 Mal auf seinen Platz zurückweisen zu müssen.

Eines schönen Nachmittages, eine Freundin und ich saßen gemütlich im Park, teilten eine Tüte und philosophierten über dies und jenes, jemand spendete ein bisschen Datenvolumen für einen keinen Lachkick auf Youtube, began Guisante wieder mit seiner Show. Es war schwerer und schwerer ihn in seine Schranken zu weisen und ich teilte mein Unbehagen über diese Entwicklung. Meine Freundin und ich guckten uns tief in die Augen. Dann küssten wir uns mit Zunge. Spaß. Wir lachten uns an, "Guck mal, Guisante" und bliesen ein bisschen Passivrauch in Guisantes Richtung.. und hatten Ruhe. Ich habe lange überlegt, ob ich das überhaupt erzählen soll. Aber Hunde in der Bude bei Kiffern rauchen viel mehr passiv und diese Hunde machen einen guten Eindruck. Meine Recherchen haben auch ergeben, dass es in kleinem Maße nicht so wild ist und die Hunde das gut abbauen. Ausserdem habe ich Guisante aus einem Ort wo die Hunde mehr oder weniger auf Hero sind, weil sie die Kacke der Junkies fressen. Trotzdem wird diese Begebenheit die letzte dieser Art gewesen sein. Drogen sind nicht cool. So ein Parallelkopf, Isolation. Habe ich hier schon genug behandelt.

Falls ihr euch fragt, was mit dem passiert ist,er ist später an Darmleiden gestorben. Ich habe noch wie ne alte Hexe versucht dem Ganzen mit Möhrensuppen und Pülverchen Einhalt zu gebieten, aber das machte es eventuell noch schlimmer.

Hier noch ein paar Gedenkzeilen über die ärmliche, anfängliche Existenz dieser süßen Seele:

Running into streams of Pee

You create that vicious circle misery

Thanks for coming near

While scratching away your flea

Nobody wants top et you then, that

Youre a long way from to get fed

Here comes guisante *i like to walk sideways

The hippie canyon dog

Here goes guisante *i like to walk in your way

You get that eggshell meal

No need to steal

Here, have a banana peel

Your mates are heads deep

In a hole we call shitpit

Gulping hard

Little opium turd addicts

17_Ich so als Game Master

Ich kam von meiner Reise zurück, und musste mich erstmal wieder auf die alten neuen Begebenheiten einstellen. Zum Beispiel nachdem man sich gesehen hat, Umarmen und Tschüß sagen, weil man nicht alle zusammen an einem Ort wohnt, oder halt nicht, und man sich für immer verabschiedet, mehr oder weniger.

Nach ein paar Monaten vergammeln wollte ich mich wieder in die Arbeitswelt schmeißen. Ich hab einen Job gekriegt als Game Master, was ich gerne Gay Master nannte, einfach so. Ich guckte Leuten beim Real Life Game zu, und ich gebe denen Tips, wenn sie nicht weiter kommen. Dieses Real Life Game ist eigentlich sowas wie ein Escape Room, also wo man so Rätsel löst und alles mögliche, aber nicht mit so hunderten Zahlenschlössern, sondern mit mechanischen Sachen, da geht hier was auf, da was auf, angeln hier, und etwas wegschieben dort, und mit so welchen wie ich als Game Master.

Ich vermiete auch gerne noch mein Zimmer über Onlineplattformen. Mein Zimmer sah teilweise aus, als wäre da ein Tornado durchgefegt, und im Zweifel schmiss ich dann alles schnell unters Bett. Auch meinen Laptop und Bankzeug. Von meiner kreativen Arbeit angefeuert, hatte ich mir diese "Sicherung" ausgedacht, wenn die Schlampen unter meinem Bett anfangen rumzuschnüffeln.

18_Selbstporträt

Am 11.08.2018 schoss ich ein Selbstporträt. Ich fand das Foto sehr schön und stellte mir vor, es bei Facebook zu veröffentlichen. Ich sah bei meinen schönen Freunden nämlich immer diese wunderschönen Fotos. Harmonikaspielend auf einem Boot, mit indianischer Kriegerbemalung auf den geilsten und abgefreaktesten Squatting-Hauspartys, in gediegenster Pose unter sexiesten Umständen in den coolsten Künstlerwohnungen, mit den rawsten Hardcore Reisefotos in schäbigster Fotoquali, weil es immer so geil ist, dass man mit jedem weiteren Foto was man machen würde, einen noch geileren Moment verpasst.

Als ich mir das so vorstellte, mein Selbstporträt hochzuladen, wurde ich furchtbar traurig. Ich dachte irgendwie an einen Freund und eine Freundin von mir, in deren History ich gesehen hatte, dass sie irgendwann so Selbstporträts hochluden, mit Sprüchen wie "Ich möchte an mich glauben" und "heute wollte ich mich ritzen, aber habe gedacht, hey nein, du bist toll und darum mache ich jetzt ein Selfie von mir wie ich lache und poste es hier".

Mega krass irgendwie und mir fiel auf, dass ich mir bis dahin irgendwie gar keine Gedanken darum gemacht hatte, oder die Kommentare dazu gelesen habe. Es ist ja ein krasses Thema, und man unterhält sich stattdessen über Fussball oder die Nachrichten, dann wird ein beschissenes Pop up Shop Event geteilt und ich kriege nur noch das Kotzen.

Ich habe in einer Obdachlosenzeitung einen Artikel darüber gelesen, dass in irgendeinem Land so Kindersoldaten in Milizen sind, und direkt am ersten Tag einen umbringen sollen, und die Milizen sind nur unterwegs, weil dort Cobalt abgebaut wird, damit wir hier Handys haben können, und weil das Land sehr schwach ist, regeln diese Milizen alles in

Eigenregie, also die verfolgt keiner. Und das geht schon seit sehr vielen Jahren. Und wegen Gold! Naja, jedenfalls lese ich das so und kriege voll den Menschenhass, aber auch Selbsthass, ich meine ich schreibe dat hier auch grade net auf einem Blatt Papier. Aber dann gibts auch Leute die extra ihre Handys kaputt machen, damit sie vom Vertrag ein neues bekommen, und da denke ich nur "ihr scheiß Wichser, Alter" was ist eigentlich kaputt mit der Welt?

Naja, so Weltschmerz lösen dann so kleine Sachen bei mir aus und ich sehe gar nichts mehr rosig oder überlebenswert. In der Zeit sehe ich jetzt, wie labil ich auch gewesen bin, denn solche Sachen gehören leider zum Alltag und ich schütze mich jetzt davor, in dem ich mich auf Sachen in meiner Umgebung konzentriere, da gibts auch einiges zutun.

Keine Ahnung, was für ein Ende, aber dafür gibts ja noch einen weiteren Teil. Also ciao.

Teil 2

Ein Fingerküppchen Frieden

1_ Die kleinen Dinge sind's

Manchmal ist der größte Erfolg, den ich verzeichnen kann, niemandem die Fresse poliert zu haben.

Ich plädoyiere dafür, dass Menschen diesen Umstand akzeptieren und wertschätzen. Manchmal sind es eben die kleinen Dinge. Du bist heute aufgestanden, und nicht wie ein Kloß im Bett liegen geblieben. Glückwunsch! Wie hast du es geschafft?

Du hast heute nicht zum Rasierklingelchen gegriffen- Glückwunsch!

Irgendetwas in dir scheint dich doch noch, mit dem Rücken zugewendet und verschränkten Armen, aber ein bisschen über die Schulter in ein Lichtlein zu linsen. Ich freue mich für dich. Du hast dir heute keine gewatscht, weil du langsam genug von den hässlichen, aufgequollenen Augen hast, die dich im Spiegel anstarren, weil du jämmerlicher Waschlappen wieder nicht den Wald vor lauter Bäumen siehst- du hast es richtig geraten, Glückwunsch dazu!

Tja irgendwann legten sich die Karten so nieder, dass es in meiner heimatlichen Basis eine Umgebung gab, die sich den Umständen des Reisens unterwarfen. Bei einer Freundin stieg eine kleine Party, Leute kamen, Leute gingen, neue Leute kamen, andere gingen. Noch mehr Leute kamen und gingen wieder. So verblieben wir in „Raum" ganze 5 Tage, und das war wie eine Zeit in der man zu Hause ist, und als der Magen nach Nahrung rief, gingen wir schweren Beines in die Küche. Durch den Flur, das ist vielleicht etwas wie das Flugzeug. Von Vorhaben, in den Küche zu gehen, bis zur eigentlichen Umsetzung vergingen mindestens 2 Stunden, gleich einem Flugzeug Check-In. Dann im Flur, die Enge, und die extrem langsamen Menschen, die sich auch auf der Reise in die Küche befangen, wirklich wie ein Flugzeug. Es dauerte zwar nur etwa eine halbe Stunde.. aber hey, mit einem echten Flugzeug würde man auch so 400 km weit kommen, und in der Küche war ja auch das selbe Klima etc. also passte alles. Nach einer Stunde in der Küche, Vögelchen-Portion im Magen, traten wir schon die Rückreise an. Es ist ja auch so, dass für die meisten Menschen ein Urlaub sehr kurz ist, und man sich gar nicht recht an die neuen Gegebenheiten anpassen kann á la „wenn man 2 Wochen im Urlaub ist, entspannt man erst so richtig nach 10 Tagen und dann muss man wieder gehen"... und dann waren wir froh wieder in Raum zu sein, wo wir alles kannten, alles war da, hier der Aschenbecher, dort der Kronkorken mit Substanz und da die Wasserflasche, und wir konnten unserer Wundlegerei weiter nachgehen. Wie im echten Leben halt.

Nach 5 Tagen im Raum, musste ich meinen sozialen Pflichten nachgehen, und fand mich nach einem mühseligen Weg von 10 Minuten durch die Kälte, getragen von entmuskulierten, wackeligen Beinen, am Bahnhof wieder. Es dauerte noch ein paar Minuten bis die Regionalbahn kam. Früher musste ich bei verpasster Bahn 1 Stunde warten, oder halt laufen oder trempen. Heute kann man ohne Plan losgehen und regt sich teilsweilse auf wenn man 3 Minuten warten muss. Das ist eigentlich unfair dem Leben gegenüber. Egal.

Also ich saß da so und als ich mich daran gewohnt hatte, meine Gedanken nicht mehr mit anderen teilen zu können, denn ich hatte Raum und meine Mitstreiter ja verlassen, guckte ich rum, und fragte mich ob ich Konversation machen sollte. Aber für alles was ich weiß, dass man Menschen nicht hinter den Kopf gucken kann, könnte jeder hier ein Serienkiller sein.

Also blieb ich alleine und vermied Augenkontakt.

Am Tollsten finde ich es, wenn Menschen zu Hause auf ihrem Klo Streichhölzer liegen haben. Das spricht von höchster Gastgeberschaft. Man kann seinen natürlichen Bedürfnissen nachgehen und die Gastgeber sorgen dafür, dass man sein Gesicht wahrt.

Tja ich mache mir auch Gedanken über meine Leser, also was ihr denkt und selten sagen es überhaupt Leute. Mir sind Leute ja am sympatischsten, die direkt talken. Ich hab zum Beispiel oft das letzte Wort, neulich hab ich mich von einem auf ner Party Boss nennen lassen, sollte nur ein Witz sein, dann fragt der mich „Willst du was trinken, Boss?".. also ihr seht ich flexe hart und herzlich, haben sehr gelacht.

2_Über meinen Eingangsbereich

HOW kann ich das erklären? Also, ich „hauste" dann so in einem Baucontainer auf einem Grundstück. Umgeben von sumpfigen Landschaften, rauher Ton, Industrieromantik, schon Props da zu wohnen aber auch einige zwielichtige Gestalten und Alkohol am Wochenende. Mal abgesehen von anderen Menschen die da rumtingelten, denn sowas vermied ich mit der Zeit auch wie die Pest.

Mein Freund fragt mich die ganze Zeit, ob der die Geschichten mitlesen darf, aber ich sage dann: „Nein", weil ich denke dann: „Ich schreibe das grade für mehr Leute als dich, du gieriges Wesen." Er kriegt es schon eh früher, also soll er meinem Vibe doch mal freien Lauf lassen, ich schreibe es doch grade dann kannst du es lesen wie jeder andere. Aber früher, das muss reichen. Jetzt verpiss dich und wenn du dich über verpiss dich aufregst dann schmeiße ich SOFORT Tassen und Handys gegen Wände.

Puh. Bin echt gut dabei. Hoffe es geht dir gut.

Gleich schreibe ich noch, wieso mein Büro so geil ist. Flex!

Es war geil, weil ich konnte endlich das Schwein sein, dass ich immer war aber fast unbeobachtet und ohne beurteilende Augen das tanzen lassen. Bis 7 Uhr morgens nice mit der 5.1 trap, alle geilen Spotify Mischlisten durchhören, Basteln, im Klo rauchen und dabei kacken. Musik lief sowas wie Cudi Montage der Song von den Künstlern bei denen man gerne mal auf die Wörter hört. Oder auch Blue ganz ohne Stimme mit Gestikulieren als wär man im Musikvideo. Und dann etwas stehen und auf die Musik abgehen und fast die Luft gestikulierend fickend und stöhnen aber nur von der Musik. *ahhhhhhhhhhh* (erleichternd).

Oder das gleiche kann man auch machen, wenn man ein eiskaltes Glas Wasser runterschlingt, und es ist einfach nur geil und man denkt boah ich liebe mein leben, danke dass ich so geile Sachen erleben darf. Und man hatte auch schon einige Zeit Pappmaul, also schon sehr eine Erlösung könnte man sagen. Dann macht man das z.B auch.

Hier kann man was erleben. Was macht man sonst im Leben? Rumlaufen, arbeiten, dann muss man schon wieder pissen, trinken essen, klar es „passiert" auch ab und an etwas, der Arbeitskollege sagte dies und das, aber wer darüber redet ist eh ein Bastard. Nein, boah wie hört sich das an, daran erkenne ich dass ich besoffen bin, dann werde ich asozial und ich will es nicht mehr auch wenn ihr das vielleicht lustig findet.

Also jetzt aber zum Eingemachten: es gibt diverse Lichtquellen, die nach Bedarf kombiniert werden, Wasserflaschen anstatt offene Gläser beim Chillen. Hoch Nusseliger Teppich *(wie heisst das noch?, so einer wo man halt drauf einschlafen möchte)* Decken, Ponchos, Räucherstäbchen, Mülleimer, Snacks, Kissen, Couch, geile Hausschuhe, genug Klopapier, Heizung, fließend Wasser, Eigenbedarf, und geile Anlage.. ist jetzt die Message angekommen? Oder wie weit könnte man das reizen hier ewig und ewig aufzuzählen.. ich hab einfach alles was geil ist ergo bin ich auch die geilste. Also alles was ich habe ist geil, und ich würde mal sagen alles was richtig geil ist habe ich. Mittlerweile hab ich auch einen richtigen Fotzenblick drauf, den ich aus dem Spiegel habe, wo ich manchmal reingucke wenn ich mich besonders geil finde beim halbnackten rumtanzen im Sommer in meinem Puffwarmen Zimmer mit meinen geilen Klamotten und Röckchen, und Bumsmusik höre u paar sexy Pics schiesse... naja. So halt.

Ich schreibe 2 Seiten mit Flex, und schon hab ich keinen Bock mehr darauf, langsam sollte es gesagt sein. Ich fand mich ziemlich geil (denkt aber dran, Hochmut kommt vor dem Ungenuss!!!) und nur meine Freunde sind meine Stars, die sollst du nicht anlabern wenn ich die Zeit von denen haben will. Dann hälst du die Schnauze wenn du weißt wie man sich benimmt. So jetzt wirklich genug gefronted.

3_ Jing und Yong

Ja das soll so heißen. Damit geht's so: Ich habe einen Bastard Chef erwischt, hatte Arbeitsvertrag aber der Wichser hat nicht bezahlt, also hab ich mich 1,5 Monate krankgeschrieben, noch echt offiziell geplayed weil ich dachte ich bekomm noch Geld. Is pleite die Scheiße mittlerweile, aber egal. In Den 2 Monaten war ich die ganze Zeit in meinem Zimmer und voll krank auf Musik von ami Trap am ausrasten und die Videos am glotzen wie eine Dumme. Und ich hab echt noch nie SO Musik vorher gefühlt, bin ja nur ein einfaches Mädel vom Lande. Wir haben früher Onkelz gehört, und fang jetzt nicht an mit irgendwas zu denken, Junge. Wir haben mit Leuten aus allen Nationalitäten und Farben „auf gute Freunde" gesungen, oder depri Songs zusammen, also erstmal richtig stellen. Bitte, Danke, gern geschehen.

Egal, ich hab gut durchgeballert in meinen 2 Monaten „krankge-schrieben sein", da dachte ich noch, man würde einen offiziellen Weg gehen können, Laden ist jetzt insolvent, also eh auf alles geschissen, also freu ich mich einfach dass ich da echt freshe Menschen auf Arbeit kennen gelernt hab, und die letzte Zeit hab ich auf Klo auch echt mal das Handy ausgepackt und gescrollt. Normalerweise hab ich eine gute Arbeitsmoral. Auch nicht so gut wie Assiladen Mitarbeiter... voll gestört eigentlich auch, dass man bei so Asi Jobs noch am meisten kontrolliert wird, aber gut man ist auch am auswechselbarsten. Am Ende habe ich doch vom Staat Insolvenzgeld bekommen, aber Hauptsache nicht von denen so nach dem Motto, war wohl Insolvenzverschleppung. Super asi.

Jetzt geht's um eine Party. Und der Titel passt bestimmt garnicht, also sucht nicht so sehr nach Sinn oder versteckten Bildern, hier kannste einfach easy relax max lesen was los. Also wir waren auf der Party. Schnell genug sind die normalen Räume voll genug und ich finde einen willigen Mensch der Bock hat auf die Couch und Musik vom Handy. Einer kommt rein, bisschen aufgewirbelt, zwei so: „Meth?" - „Meth." Es ging so weiter.. mich interessieren ja auch die Geschichten, jedenfalls später konnte ich schlecht einschlafen. Wie oft hatte ich Übernachtungsgäste in der Mitte der Metropole, aus Kulanz schlich ich mit Displaylicht durchs Zimmer, war noch lange wach weil ich gestörte Bilder wie diese für insta zauberte (dazu später mehr). Hörte fette Vibes dazu.. ab und zu stand ich auf um eine zu rauchen, vom körperlichen Akt des Aufstehens hörte sich meine Atmung an wie so ein Quietschspielzeug von Hunden.

Quiek, dann ausatmen

Quiek, dann ausatmen

Quiek, dann hust hust hust

Aber ok. Ich wollte eigentlich was von der Party erzählen. Wir waren auf dieser echt geilen Hausparty, viele Räume etc.

Wie es roch weiß ich nicht mehr, hab gelesen man soll beim Schreiben viel Sinne bedienen aber ich kann so wat net.

Das Haus war aus Holz und in den Zimmern selbstgebaute Hochbetten, also fast 100% öffentliche Fläche etc. p. p. Ich saß da so rum mit meinen neuen Partyfreunden, jeder droppte eine Abfuckstory oder #relate zeugs.. war natürlich toll aber ich dachte auch, is doch immer das gleiche und nach ein paar Monaten back in town dachte ich mir.. okay ich will noch die Magie einer Party mitnehmen und sehen wie sich jemand mit nem Feuerzeug versucht einen Furz anzuzünden.

MANN ich hasse es, das stimmt gar nicht mit dem Furz, habs mir nur vorgestellt *bricht unter Tränen unter der Last der Lüge zusammen*

Sorry. Aber die Party war wirklich toll, teilen, Menschen die kommen und fragen ob die n Bier vom Kiosk mitbringen soll. Ich mach jetzt nur noch real talk.

Wollte eigentlich noch ne Story raushauen, dass ne Freundin sich immer Käsestücke in Rotwein tut, und das als totalen Sommerhit vorstellen, aber wir waren net ma so eklig und ihr könnt euch ja hiermit vorstellen ihr hättet darüber eine Geschichte gelesen.

Hier jetzt paar Insta Bildchen:

Da geht's darum, dass manche Menschen aus Kalorienspar-Gründen oder wegen Kostenfrage alkoholisierte Tampons in ihren Enddarm einführen. Weil die Zotten das schnell absorbieren und die Dosierung nicht einfach ist, führt das wohl im Zweifel zu einem großen Gesundheitlichen Schaden. Das habe ich mit den Shoppingkanälen verbunden, weil diese Leute in meinen Augen nur verkaufen wollen, und mehr mehr mehr wollen. So nach dem Motto.

Das Bild ist von rechts nach links zu schauen. Den Anfang macht das Messer, so wie auf der Schneide zwischen Genie und Wahnsinn ist die böse Alde von Schneewittchen die die Verrücktheit in sich einverleibt. Diese Verrücktheit liegt auch in den Genen, und dieser Stern dabbt sich weg, aber er ist einfach mittendrin und am Ende ist die Person einem gerupften Huhn ähnlich und wird doch noch mit der Verrücktheit und dem Gewusel verbunden.

Dieses Bild ist eine Hommage an eine kleine Reise. Eine Reisende und ich haben im Müll eine schöne aufblasbare Schildkröte gefunden und sind mit dem Ding, wie Gott uns schuf, von einem Strand zu einem weiteren, welche von Felsen getrennt waren, geschwommen. Wir wechselten immer ab und zwischendurch sah ich quasi dieses Bild mit der Mitreisenden. Es war so magisch und mächtig, und die Person ist eine Drachenmama aus Game of Thrones, wer es nicht kennt.

4_Blut

Letzten Sommers zog ich die letzten Register, ich hatte es mal wieder so nötig Geld anfangen zu sammeln und dann ausgeben auf dem Flohmarkt, also vorher 20 Tacken beim Blutspenden einkaschen und ab dafür. Zwei ehemalige Mitbewohner kamen mit, und ich füllte so meinen Bogen aus, und dann die Frage, ob man in den letzten 3 Monaten ungeschützt Oralverkehr hatte. Also ungeschützt, ohne Kondom geblasen oder geleckt. Natürlich ja angekreuzt, krieg ich erstmal das Spenden verweigert und ... naja keine Moralpredigt, aber wer bitte macht denn Oralverkehr mit Gummi und was soll man bei der Frau für Oralverkehr geschützt machen? Vor allem meine Mitbewohner damals, voll am lügen.

Anderes mal durfte ich dann wieder nicht spenden weil ich einen Tag vorher mich an der Hand gekratzt habe. Also nicht mal aufs Blutspenden kann man sich verlassen als Einnahmequelle.

Anderes mal habe ich es dann geschafft und dann bin ich aber fast aufm Flohmarkt zusammengeklappt, also mittlerweile bin ich schon zu labil für sowas. Bleibt aber ein Lebensziel. Sowieso ist das nicht nur zum Geld gammeln gut, sondern für die Welt. Neulich kam mir der Gedanke, dass manche immer Staat und Kirche trennen wollen. Ich finde das auch. Wissenschaft ist toll und alles, und trotzdem finde ich es auch gut wenn Menschen nicht den Glauben verlieren. Aber ich sehe das mehr so ohne Gott, einfach beten und Hoffnung haben finde ich gut PLUS Medizin und Wissenschaft. Doppelt gemoppelt hält schon gut. Mir gefallen einfach Wörter wie Glaube, Hoffnung, wenn jemand „blessed" ist oder sich so fühlt, also Dankbarkeit einfach und schon ist das Leben doch irgendwie erträglicher, wie kann man sowas nicht wollen? Manche denken vielleicht jetzt man lügt sich an, und regen sich auf „dass manche nicht arbeiten wollen" also Sorry aber die paar die gerne arbeiten gehen, lass sie halt aber Hallo? Ich will auch lieber eine Lebensarbeit verbringen. Sorry not Sorry. Gehe aber trotzdem arbeiten weil ich kein Bock auf den ganzen Papierkram habe und so weiter.

5_ Mein Glück

Ich hatte einen Süßen aus dem Umland kennengelernt.

Tag 4 bei Süßer. Langsam werde ich zum Alki selber, weil ich das Bier als Nährstoff brauche. Gib mir den Nährstoff, Süßer. Aber auch weil wenn er besoffen ist dann nervt er, und täuscht an, die Tempo Packung in mein Gesicht zu schmeißen.

Am fünften Abend habe ich den schon ausversehen mit dem Messer angeschlitzt und aber er weiß es nicht mehr, also kein Problem, keine Sorge,. Und eigentlich klingt das weniger schlimm als es wirklich war, denn ich wollte ihn mit Messergefuchtel zurück drängen und habe die Wange erwischt. Gleich und gleich gesellt sich gern könnte ich mir vorstellen, aber das gefällt mir in diesem Fall nicht.

Na, die Idee war also Menschen wie beim Reisen zu finden, also mit mehreren Monaten Zeit und so, aber die in Deutschland sind oder an einem Ort sich länger aufhalten. Tja und in Deutschland ist nicht so wie in Spanien, schön warm und Höhlen und Wälder, immer im Restaurant kacken gehen und ans Meer fahren in 1 Stunde. Also hier ist das dann eher 1,2 Jahre vom Staat zu leben, und ich gesellte mich einfach mal dazu, was kann schon passieren? Meine Zeit sollte so dicht und lehrreich sein.

Egal wo man hingeht, kann man doch erstmal Entgammlung machen. Mach ich sowieso. Gucken, Klo und Küche sauber, dann ist gut, sonst hingucken und alles deppensicher machen. Manche finden es komisch, aber am liebsten würde ich nur sagen, was mir an den Wohnungen und wie die Leute leben nicht gefällt, und denen sagen wie es richtig geht. Könnt ihr euch ja vorstellen, warum ich keine Freunde habe. Naja, wenigstens gibts und wirds immer geben: Drogen. Dann bin ich wieder kurz weg von mir selber, weil eh keiner "verdient" hat, mit mir zum hängen, gehe dann auf insta und schreibe in den Storiy Nachrichten an Cardi B rein, als ob ich mit der chille, aber höre ja nur noch der zu, wenn ich den ganzen Tag das Album auf Schleife habe und mit keinem gammel. Dann ist das irgendwie logisch. Dann fing ich halt an mit dem Hartzer zu chillen. Irgendwie merkt man dann doch, dass man Menschen braucht, aber wenn man die vorher alle scheiße findet, dann tja finden sich solche auch. Das kann aber auch gefährlich werden, wenn man wegen der ganzen Alleinheit wirklich verrückt wird. Ich habe es bis zuletzt nicht gedacht, bis ich wo was gehört habe, LAUT und DEUTLICH, obwohl dann das Licht mit Bewegungsmelder hätte angehen müssen. Schöne Scheiße.

In meinem Handyspeicher ist ein Eintrag davon, dass ich mir selber die Frage stelle: Was empfindest du bei kiffen?

Mein Gehirn fühlt sich dann geil an… Aber wenn die um dich drum kein Gehirn haben…. Das ist der Schlüssel im Leben   dumm oder brot

(Ende Notiz)

Was soll man dazu sagen? Habe ja schon gesagt, was ich von anderen Menschen gehalten habe. Das hat sich jetzt schlagartig geändert, und ich muss einsehen, dass die Leute aus gutem Grund nicht mit mir rumgehangen haben. Denke mal, das ist so ein natürlicher Instinkt, wie wenn Hühner andere Hühner totpicken, wenn die ein zu großes Ei legen zum Beispiel, und die dann am Arsch bluten, dann rasten die anderen Hühner aus, und wollen das Vieh aus der Herde wegmachen, damit der Wolf die Fährte nicht aufnimmt.

Und jetzt denke ich mal ich war ziemlich in meiner Phantasiewelt, in der ich den Arsch nicht offen hatte, sondern die meisten drum herum. Dabei war ich selber voll am Rad am drehen und tja, wie gesagt, Menschen die nix zutun haben werden verrückt, und auf einmal sehen sie den Teufel in dir, oder kommen auch auf sich selber nicht klar. Keine Ahnung, zum Beispiel Depression. Kriegt man keinen Bock aufs Leben, dann freut man sich auch nicht für andere, und hat wenig Hoffnung und schöne Gedanken. Oder nur schöne Gedanken aber keine Taten. Vielleicht ist das sogar schlimmer. Das ist ja dann wieder Phantasiewelt. Naja. Ich habe mir gedacht hier eine kleine Bilder Sammlung draus zu machen und die Sachen zu erklären. Man regt sich immer über Kunst auf, á la "ist das Kunst oder kann das weg?" Und im Grunde stimmt das auch, aber vielleicht zeigt das irgendwas, warum Sachen sind wie sie sind. Für mich gerade persönlich, ist das einfach eine Art Therapie und gibt mir einen Abschluss, und Erklärt diese "tollen" Kunstsachen einfach mal. Checke das manchmal nicht mit Kunst oder Bildern, wenn man sagt "ohhh wie toll ist es, darüber nachzudenken was der Künstler gedacht hat" wieso steht es nicht dabei, will man noch Misverständnisse machen? Ich nicht.

6_Fazit

Jetzt gerade will ich erstmal ein Fazit führen. Denn ich muss einsehen, wirklich krank zu sein im Kopf.

Und dies hier soll niemanden motivieren, sich so fahrlässig zu verhalten wie ich es selber getan habe.

Es ist sehr schwer, einzusehen, dass man im Kopf krank ist. Das kann einfach eine Stoffwechselstörung sein, und man hat weniger Sensibilität zum Beispiel als andere, die Filter von was ist wichtig und was nicht, sind weg, man kann Sachen hören, die Andere nicht hören und wenn man sonst seinen Sinnen vertrauen möchte, wie normal, dann stellt euch mal vor einer sagt: guck mal da ist ein pinker Elefant, und man denkt der verarscht einen, aber ich schwöre es gibt Leute die SEHEN, HÖREN, oder FÜHLEN Sachen, obwohl sie nicht da sind. Das ist sehr brutal, und das einzusehen erfordert schon alleine sehr viel. Ist jedenfalls bei mir so, denn mir wurde zum Beispiel oft gesagt wie intelligent ich bin, und dann fahre ich aber meinen Trip und dann bin ich 0% intelligent, sondern lebe einfach in einer Art Neben-Realität, einer Traumwelt.

Und dann stellt euch noch vor der Traum ist derbe geil, dann versucht mal jemanden davon aufzuwecken, viel Spaß. Dann ist, wenn Freunde sich nicht melden, nicht: „hey! Ich melde mich" dann denkt man zum Beispiel größenwahnsinnig und sagt: ACH, die beneiden mich, weil ich so geil bin, dabei kann man irgendwie nur noch auf Drogen oder so Trips mit anderen reden. Es muss halt passen für einen selber, und ich habe zum Beispiel so einen Weltfrieden Trip gefahren, und kann echt sagen, dass das scheiß gefährlich ist, weil irgendwann habe ich gar nicht mehr auf mich selber geschaut, sondern nur noch auf andere, was DIE nicht alles falsch machen und bla bla, und es gibt Leute, denen man nicht auf die Füße treten soll, vor allem kann so ein Trip Tage, Wochen, Monate, denke mal sogar Jahre dauern, und dann ein Erwachen… böses Erwachen kann es geben, wenn man sieht was man alles kaputt macht, mit so Verhalten, als wäre man besoffen, also wie ich besoffen bin, nämlich eigentlich bin ICH dann total asozial. Das heißt auf meinem Eigenen Trip.

Und jetzt zum Beispiel habe ich mega ANGST einfach, vor der Rache und sowas von Menschen. Denn es gibt genug, die so sind und Hass haben ohne Ende, und nicht wie im Krankenhaus, im sozialen Umfeld und wo auch immer, viel Verständnis haben..

7_Ein Gedicht

Hier jetzt ein Gedicht, wo ich überhaupt keine Angst hatte, und es aus heutiger Sicht nicht mal verstehe, wieso ich DA keine Angst hatte. Da lag ich nämlich mitten in Marokko in der Wüste, alleine, auf einem harten Grund zwischen den Dünen..

An OM is flowing over the dunes, the sky

is shining with orions belt, why

am i on the hard part, between the dunes, not the circle?

is cause my stomach aint properly working

i see where i can put my poo

so a bro and a sis don't get it on the shoe

i dig a whole between bushes, where no one goes i think

but a bro tangents close, i fear his shoe will stink

a warning, a shout, pas de probéme

i guess we all walk a little differénte

a brother brings paper, another brings cumin

that's what feels like some goddamn unity

a piece of bread, that looks like a hen,

is my companion tonight, and also this pen

i become tired, and tuck myself in

good night i say to hen, what a sweet evening

gotta admit, would be nicer if a friend was here

but no matter how far, we look in the same stratosphere

street dogs are barking, keep me safe till mañana

they circle around, cause they smell my banana

8_freiwillig

Es kommt mir komisch vor, da ich jetzt Depressionen habe, aber mich trotzdem ab und zu gut fühle. Das kommt mir sehr suspekt vor. Nach etwas Zeit mit meinen Zimmernachbarinneninen, liebe ich diese nie enden wollende Wiederholung von gestörten Denkwegen. Zur Nacht hin gibt es Streit und die eine sagt "HALT ENDLICH DEIN BABBEL, sonst ist unsere Freundschaft gekündigt." Da muss ich schon lachen, weil ich gar nicht so richtig weiß, was Freundschaft bedeuten soll in diesen Tagen. Aber nichts geht über eine gut behütete (weil in der Klapse) verrückte Lache von meiner geistig verwirrten neuen allerbesten Freundin. Seht ihr, wie einfach "Freund" von der Lippe geht?

Diese Frau fragt mich eigentlich nur immer ob ich Katzen oder Hunde mag, ich sage dann ich mag beide, aber neulich hat sie gefragt welche ich lieber mag, und dann musste ich Hunde sagen, weil davon haben wir viele und es sind treue Gefährten und nicht so verwöhnte Dinger, die einfach zum Nachbarn ziehen, wenn der besseres Essen hat. Aber vergönnen tu ich es den Katzen auch nicht.

Sie, meine aller beste Freundin mag Katzen und macht sich ständig sorgen um sie. Aber auch um ihre beiden Männer, neulich war es am hammermäßigsten, da wollte sie einen durch die Gitterstäbe grüßen, aber hat schon die hälfte von dem falschen Namen gesagt. Sonst redet sie auch gerne in der 3. Person von sich, oder in der 2. Person und es ist zum totlachen, wenn andere das nicht wissen und dann denken, hä, was laberst du, ich kann doch noch normal Häufchen machen?!

Manchmal kommt sie auch ganz nah mit ihren großen Augen und will dann etwas haben, dann erschrecke ich mich kurz, aber freue mich dann sehr, weil sie mich wahrnimmt und sicher stellt, dass ich auch zuhöre sozusagen. Davon könnte man sich echt eine Scheibe abschneiden. Wenn ich selber so "psycho" drauf bin, sage ich viele Sachen zu vielen Leuten, ja meistens in einem ungehobelten Ton, und deshalb wollen sie es dann am liebsten vergessen und tun so als wäre ich total willkürlich, dabei wollte ich natürlich schon was sagen, und das nervt dann wenn ich das nochmal ganz toll und süß und klein mit Schleife oben drauf sagen soll, weil einfach ein paar Sachen abfucken ehrlich gesagt. Aber ich will nicht wissen, wie oft ich selber abfucke, heute so, morgen so. Das kann einen auch in den Wahnsinn treiben denke ich mal. Hehe, hups, aber andere kommen scheinbar drauf klar und wissen das einfach, und ich schnalle dann die ganze Welt nicht mehr. Ach, ich wollte noch sagen, der Titel lautet "ein Fingerküppchen" dies das, aber ich habe jetzt gar keinen Bock mehr auf Drogen, weil man dann echt irgendwie ein anderer Mensch werden kann, das stellt die Welt auch in Frage, aber man ist dann einfach net mehr in der selben Welt, und das ist immer Schade.

Grade kam mir noch ein guter Gedanke, erst im Gespräch mit jemand anderem. Und zwar, wenn ich zum Beispiel einen Ausrastet fahre, gebe ich eigentlich anderen Menschen eine Art Kontrolle über mich, und das ist doch eigentlich weak ohne Ende. Ich will doch selber Herr meiner Gefühle und meiner Welt sein (die ich seit neustem mit vielen anderen teilen möchte). Und das ist ein Ziel und ein Blickwinkel, der, wie ich finde, sehr erstrebsam ist. wow.

9_ immer zurück

So, jetzt habe ich das Gröbste überwunden.

Es gibt so Menschen, die sagen "ich bin ein Mensch, der…" und das sind die schlimmste Art von Mensch, weil diese Leute schaffen, nicht nur ich, ich, ich zu sagen, sondern eine Version von "ich" gefunden haben, in der man noch mehr Worte für "ich" braucht.

Hier noch ein paar Worte dazu, warum man den Tag nutzen sollte. Es fallen einem über Zeit die Haare aus, und jedes Mal, wenn man seine Haare wegmachen muss, bleibt eine gewisse Zeit, bis einem weiter Haare ausgefallen sind, und man diese wiederum wegmachen muss. Und das ganze Spiel geht bis zum Tode so weiter, also sollte man keine Wertvolle Zeit verstreichen lassen, weil man sein ganzes Leben lang Haare wegmachen wird und das kann einen sehr erden natürlich, das ganze Unterfangen, gleichsam zeigt es, dass man ein Mensch bleibt, der seinen Tag, also seine Zeit bis zum wieder Haare Wegsammeln, nutzen sollte. Danke.

10_ wus good

Es ist Silvester rein ins 2020. Ich habe schon den ganzen Tag bei einer Freundin regungslos im Bett gelegen mit ihr, weil wir noch schlafen wollten aber wir lagen einfach nur stundenlang da.

Gegen 11 Uhr dann kam eine weitere Freundin dazu und Mitternacht saßen wir dann auf einer am Dach angebrachten Leiter. Wir waren schön Raketenstaub am einatmen, und meine Freundin fragte: "Was war für euch der schönste Moment 2019?" - "Die letzten drei Minuten". Voll tolli ey.

~

Hallo. Heute habe ich meinen 29. Geburtstag reingefeiert, ganz klein wegen Corona. hehe lol das ist jetzt lustig weil einfach jeder genau weiß. Jedenfalls habe ich gerade, im Bett liegend, zum 2. mal auf meine Funkmaus geascht, weil es so dunkel war. Manche denken bestimmt -normal- aber diese Funksachen sind geil. Funk Maus und Funk Tastatur. Also für mich hat es kurz vor 29 Jahre gedauert und jetzt benutze ich die täglich. Mega.

Wow. Nur 2 Tage später und es ist beinahe wieder passiert mit der Asche auf der Funk Maus. Logbucheintrag 1: die Zeitabstände werden immer kürzer, bitte beo. Das ist dann auch das einzige seitdem, was ich aufschreiben wollte. Nicht, dass nichts passiert, aber Eier sind im Legensprozess. Bis dahin, adieu, treuer Leser.

Lol. Da bin ich wieder, es ist einen Tag her. Ich kann wie ihr seht mittlerweile die Zukunft voraussagen. Das muss an meinem neuen Erfolgskonzept liegen. Ich habe einen Kurs vorbereitet, wo es darum ging, selbstbewusst zu sein und rüber zu kommen. Darin wurde dann etwas von einem Erfolgstagebuch gesagt, und ich bin komplett auf die Idee abgeflasht und seit 3 Wochen arbeite ich jeden Tag an 6 verschiedenen Skills oder. Was für den Körper, für den Kopf, was für die Seele. Seitdem bin ich ein neuer Mensch, das kann ich euch verraten. Unbedingt mal ausprobieren und schreibt mir eure Erfahrungen in die Kommies, ok?

Boah! So geil einfach. Es ist Sommer, und ich brutzel auf meinem Balkon in der Sonne wie ein Gecko, dann gehe ich zum Kühlschrank und hole mir eine eiskalte Dose Mezzo Mix raus. Das ist für mich la pura vida. Ich würde nie auf die Idee kommen, mir für mein Day to Day life eine ein oder zwei Liter Flasche Cola oder sowas zu kaufen. Da fehlt einem doch jedes Mal das Frischegefühl. Mmmh.

11_ Gedanken

Was ich sehr unnütz finde ist Zahnseide mit Minzgeschmack. Wenn ich mal wieder durch die Ritze meines Backenzahns schrubber, will ich nicht dass sich der losgelöste, alte Essensbrei da und Minzgeschmack sich vermischen aber Danke dafür.

Ich hielt mich gerne in geisteswissenschaftlichten Kreisen auf. Oder dort wo Menschen unabhängig von ihrer Profession ihren Gelüsten nachgingen. Als Generalist hatte ich in alle möglichen Bereiche Einblick erhalten können, ohne mein Metier jemals zu finden. Ich flog in einem Kreis immer wieder die selben Bahnen ab, und entfernte mich dabei mehr und mehr von meinem Kern. Meine Existenz mit Ende 20 konnte mit Begriffen wie Hentai und Futai was anfangen (nur wegen Internetkreisen, konsumier sowas net ich schwöre), ich aß Schokolade im Lakritzmantel und selbst wenn jemand den ganzen Tag in meiner Nähe mit einer halben Schere in der Luft rumfuchtelte, merkte ich nicht dass etwas mit den Menschen nicht ganz stimmt.

Freunde schauen Tatort, und es wurde eifrig greaten wer der Mörder sei. Ich versuchte händeringend das Konzept eines Films zu verstehen, der mir bei der Filmplattform Mubi vorgesetzt wurde. Wo der Protagonist irgendwie erst ein Penner ist, dann reich und irgendwie Schauspieler, dann driftet der Film aber doch in Science Fiction ab, und bei Minute 12 wird dem Ast eines Baume seiner geblasen und eine halbe Stunde weiter kann man den Anblick einer meth-mäßigen Familie geniessen, die sich in der Küche versammelt hat, um zu schauen wie der Onkel gegen einen Stuhl wrestelt. Und dann kam endlich der Kleinwüchsige im Hintergrund. Langsam kommen wir der Sache näher.

12_ Für den Ernstfall

Ich war jetzt ein Jahr am arbeiten in einer Demenz WG. Für den Fall der Fälle sollte man mal eine Sensobiographie von sich selber anfertigen, nicht nur für den Demenz-Fall, sondern auch für das Alter oder Krankheit. Das heißt eine Biographie für die Sinne. Damit man, wenn man im Kopf nicht mehr so klarkommt, wenigstens die Sinne schön noch bedient werden können. Meine Ideen sind so so Sachen die ich mal gefressen habe oder gerne fresse:

Brötchen aushöhlen, Ketchup, Mais und oben bisschen Salz.

Quinoa Salat

Chai Tee mal

Kaiserschmarrn

Kein Wackelpudding

Oder Sachen die ich gerne rieche:

Vanille oder Kirsch Duftkerzen

Nag Champa Räucherstäbchen aber nur 1/3 Stäbchen, das ist ganz wichtig

Mein Parfüm mal hier und da rumsprühen

Pflege:

Ich nehme Aloe Vera Creme für alles, oder sowas wie Sheabutter Lippenfett, Sheabutter feuchtes Klopapier auch ganz gut und bitte nicht Baby oder am schlimmsten ist Kamille, voll ekelhaft im Geruch

2 mal im Monat Eukalyptus Bad

GANZ WICHTIG nur Microfaser Waschlappen, wenn einer mal mit nem Waschlappen mal seine Intimsphäre oder sein Gesicht geschrubbt hat, dann weiß ich ehrlich gesagt nicht warum das nicht in aller Pflege gemacht wird..

Wenn ich ins Bett gehe ein enges, langes Shirt mit Ärmeln, ne ausgeleierte Boxershort und Socken auf Halbmast, damit die wenn es unter der ganz dicken Decke warm geworden ist, die langsam abgehen.

Flaches Kopfkissen

Hoffe das inspiriert euch etwas..

13_ Wenn man todesmüde ins Bett geht und dann genau wieder aufstehen muss weil man mal pissen muss, obwohl man grade war und man dann fast heult oder wenn man Blasenentzündung hat und es wegen Kopf kaputt nicht mitbekommt

I wünscht monmol

Dett ick'n Bebi wer.

Weesch?

Oder nit.

Und alles fiel mier,

Niet schwer.

Wenn ick'n Bebi wer.

Am Sein.

14_#inSTAR

Habe ja schon von diesen Instagrambildchen erzählt. Aber jetzt gehts mal um das Drumherum. Ich war ein bisschen besessen von einer amerikanischen, kompletten Popstar Rapperin und sah einen Post wo sie so schrieb: hähähähä ich war grad auf Klo Blut kotzen *rock'n'roll Hände*.

Und mega viele Kommentare dann so einen auf "you go girl" und so "keep the machine going" und so. Da war auch so eine Famegammlerin bei, die einfach bei jedem Bild kommentiert hat und voll viele hatten schon Hass. Ich hatte eigentlich nix gegen sie aber da wurde es mir zu viel mit ihrem Deckmantel des Lovesharings und so. Erstmal dicke Welle bei der alten gemacht und sie scheinbar paar Mal bitch genannt und so von wegen was bei ihr kaputt ist auf so einen Post was positives zu sagen. Die dann so "oh bitte nenn niemals jemanden bitch wir sind alles starke Frauen wo ich mir so dachte "Madl du schimmelst nonstop auf den Kommentaren von der Rapperin, bei der so gefühlt in jedem Satz irgendeine bitch geröstet wird, einfach hohl.

Bei der Rapperin hab ich dann auch einen shitstorm erzeugt, einfach immer weiter und voll schnell so Kommentare "Leute die ist krank" tausend Herzen hinterlassen und groß in die Mitte irgendwas schreiben wie "save her soul" oder so. Ein anderer User hat gedacht ich bin ein Spamroboter. lel.

Hatte in dem Moment irgendwie richtig Angst um die. Später hab ich dann nochmal n ganz anderen Trip sogar auf sie gefahren und dachte sie wär in meinem Zimmer weil irgendeine Art von "Wir leben es vor" Wechselspiel in meiner Wohnung abgelaufen wäre. Und da hat sie nicht so cool gemacht, aber hey, das ist ja bekannt bei so "hohen" Personen.

Soviel nur dazu.

So kurz vor Schluss muss ich nochmal wieder Beichte ablegen. Ich will zwar echt nicht mehr mit Drogen hantieren, und habe das auch meiner Schwester versprochen, aber wenn so eine kleine Fruchtfliege in meinem Getränk umkommt, denke ich ehrlich gesagt immer „hmm super, gib mir dein DMT du Dingelchen" DMT, für die die es nicht kennen, ist wohl so ein Druffizeug was zu Hauf bei der Geburt und beim Tod ausgeschüttet wird. So glaubte ich bis ich das jetzt grade gegoogelt habe und scheinbar gibt's nur paar Nager die das nachgewiesenermaßen aus der Zirbeldrüse ausschütten. Na toll.

Dann noch was spirituelles: ich habe vor Kurzem das Beten angefangen und das haut echt rein. Ich glaub zwar noch nicht so ganz an Gott und alles aber in meiner letzten Psychose hab ich die Hände zusammengesteckt und da war ein hammer Licht, das war cool. In der Klapse dann hing ich nur am Fenster in Isolation und habe den Leuten einen schönen Tag hinterhergeschrien oder wenn sie nicht back gesagt haben auch manchmal ganz hinterlistig denen was gewünscht, was ich dachte was denen gut tun kann. Bisschen Rücken oder bisschen Ruhe und so. Beten ist irgendwie gute Gedanken machen und Schönes wünscfhen, das schadet ja wohl nie oder? Letzte Woche war ich meinen besten Kollegen besuchen und war meine Sorgen um einen verlorenen Liebhaber am teilen und er hat dann so kurz zwischendurch ein kleines Gebet gesprochen was einfach mein Herz so sehr erwärmt hat. Ich bete für alle Menschen dass jeder sein Glück und seine Reinheit findet. Etwas für den Frieden.

Das ganze bringt mich noch auf einen ganz anderen Schwank hier. Und zwar will ich mal ein ganz dicken Props an alle Klapsies raushauen. Es mag sein, dass man viele Sachen nicht "wirklich" passieren, so wie mein Wechselspiel da, aber in dem Moment lebt man diese kranke Scheiße einfach durch und ich kann euch sagen, dass jemandem ein Gedanke einen kalten Schauer über den Rücken laufen lassen kann. Ein Moment kann jemanden wie eine gefühlte Ewigkeit quälen. Ob man denkt, dass unter der dicken Decke ein Mensch hingebeamt wurde, und wie man sich nähert, oder nicht nähert, ob man Angst vor dem Schlüsselloch wegen Geistern hat, und das macht dass jemand vom Balkon springt, ob jemand wegen seiner Krankheit Menschen provoziert die Treppe hinuntergestoßen wird, jemand wie im Dauerkampfmodus immer Feinde sieht und dann nur noch auf Selbstverteidungsmodus ist, bis irgendwann Angriff die beste Verteidigung wird, oder jemand sieht in der Wand, in der Tapete menschliche Fratzen und Monster, die nach einem trachten. Am Ende mag man heile da rauskommen, manche leider nicht. Aber alle anderen, ihr habt in meinen Augen riesen Respekt verdient und ich wünsche für alle sowieso nur das Gute, Heilung, Frieden...... jetzt wirds mir zu schnulzig aber denke mal- Zeichen wurde gesetzt. HADE LEUTE.

Zeitfracht Medien GmbH
Ferdinand-Jühlke-Straße 7
99095 Erfurt, Deutschland
produktsicherheit@kolibri360.de